Legasthenie - Leitfaden für die Praxis

Ivan

Legasthenie - Leitfaden für die Praxis

Begriff - Erklärung - Diagnose - Behandlung-Begutachtung

von

Andreas Warnke
Uwe Hemminger
Ellen Roth
Stefanie Schneck

Hogrefe · Verlag für Psychologie
Göttingen · Bern · Toronto · Seattle

Prof. Dr. med., Dipl.-Psych. Andreas Warnke, geb. 1945. Seit 1992 Lehrstuhlinhaber und Direktor der Klinik und Poliklinik für Kinder- und Jugendpsychiatrie und Psychotherapie der Universität Würzburg.

Dr. phil. Uwe Hemminger, geb. 1962. Seit 1990 wissenschaftlicher Angestellter, seit 1997 leitender klinischer Psychologe an der Klinik und Poliklinik für Kinder- und Jugendpsychiatrie und Psychotherapie der Universität Würzburg.

Dr. phil. Ellen Roth, geb. 1968. Seit 1998 wissenschaftliche Angestellte an der Klinik und Poliklinik für Kinder- und Jugendpsychiatrie und Psychotherapie der Universität Würzburg.

Dipl.-Psych. Stefanie Schneck, geb. 1969. Seit 1997 wissenschaftliche Angestellte an der Klinik und Poliklinik für Kinder- und Jugendpsychiatrie und Psychotherapie der Universität Würzburg.

Die Deutsche Bibliothek - CIP-Einheitsaufnahme

Ein Titeldatensatz für diese Publikation ist bei Der Deutschen Bibliothek erhältlich.

http://www.hogrefe.de
Aktuelle Informationen • Weitere Titel zum Thema • Ergänzende Materialien

Umschlagbild: Steppuhn, Göttingen
Druck: Schlütersche, 30851 Langenhagen
Printed in Germany
Auf säurefreiem Papier gedruckt

ISBN 3-8017-1497-7

Inhaltsverzeichnis

Vorwort

Zweck dieser Informationsschrift ist es, in knapper Form folgende Fragen zu beantworten:

1. Was ist „Lese- und Rechtschreibstörung" (Begriff)?
2. Wie erklärt sich die „Lese- und Rechtschreibstörung" (Erklärungsansätze)?
3. Wie wird die „Lese-Rechtschreibstörung" festgestellt (Diagnose)?
4. Welche Hilfen gibt es (schulische Förderung, Therapie und Eingliederungshilfe)?

Das Buch ist ein Leitfaden für die Praxis. Es ist geschrieben für alle beruflichen Gruppen und Eltern, denen Kinder und Jugendliche mit Lese-Rechtschreibstörung (Legasthenie) anvertraut sind. Es betrifft Ärzte für Kinder- und Jugendpsychiatrie und Psychotherapie, Ärzte mit Zusatztitel „Psychotherapie", Amtsärzte, Schulpsychologen, psychologische Psychotherapeuten, Kinder- und Jugendlichenpsychotherapeuten, Mitarbeiter der Erziehungsberatungsstellen, Lehrer aller Schularten, Juristen und verantwortliche Mitarbeiter in Jugendämtern und Sozialämtern. Das Buch wendet sich aber auch insbesondere an die Eltern der Schüler mit Legasthenie.

Die umschriebene Lese-Rechtschreibstörung (Legasthenie) betrifft mindestens 4–8 % aller Schüler. Darüber hinaus gibt es Kinder und Jugendliche, die Schwierigkeiten beim Erlernen des Lesens und Rechtschreibens haben, weil ihnen aufgrund nicht hinreichender allgemeiner Intelligenzentwicklung die Lernfähigkeit nicht nur bei Lesen und Rechtschreiben, sondern auch bei vielen anderen Entwicklungsaufgaben nicht gegeben ist. Andere Schüler haben Lese- und Rechtschreibschwierigkeiten, weil sie aus unterschiedlichen Gründen nicht ausreichend in der deutschen Schriftsprache unterrichtet worden sind. Auch Sinnesbehinderungen wie etwa schwergradige Sehstörungen und Hörstörungen oder neurologische Erkrankungen wie z. B. schwergradige Zerebralparese können es einem Kind erschweren oder auch unmöglich machen, Lesen und Rechtschreiben zu beherrschen. Andere Kinder verlieren – meist nur vorübergehend – die Fähigkeit des Lesens und Rechtschreibens, weil sie entweder psychisch schwer erkrankt sind oder weil sie durch Verletzung oder Gehirnerkrankung eine Hirnschädigung erfahren haben. Bei manchen Kindern sind die Lese-Rechtschreibschwierigkeiten schwächer oder auch nur vorübergehend, bei anderen so sehr schwer ausgeprägt, dass sie Lesen und Rechtschreiben gar nicht erlernen können.

Das Buch konzentriert sich nun auf die „umschriebene Lese-Rechtschreibstörung", die auch Legasthenie genannt wird. Da es auch ganz andere Ursachen für Lese- und Rechtschreibschwierigkeiten gibt, soll mit dem Buch zunächst erklärt sein, was man unter der umschriebenen Lese-Rechtschreibstörung (Legasthenie) versteht, eine *Begriffsbestimmung* voran gestellt werden.

Dieser Begriffsbestimmung schließt sich die Frage an, welche *Erklärungsansätze* für die Legasthenie bestehen. Ausgewählt werden Besonderheiten der biologischen Reifung des zentralen Nervensystems angesprochen, die insbesondere die sprachliche und die visuelle Informationsverarbeitung betreffen. Neueste Erkenntnisse zur Genetik werden zusammengefasst.

Das Buch will schließlich ein Wegweiser sein, wie die Legasthenie zu erkennen ist, wie also die *Diagnose* festgestellt wird. Dabei wird deutlich werden, dass die Diagnostik aufwendig ist. Sie erfordert die Untersuchung von körperlichen, neurologischen, psychischen, intelligenzabhängigen und psychosozialen Gegebenheiten.

Schließlich will das Buch ein Wegweiser für die *Beratung, pädagogische und therapeutische Behandlung* der Legasthenie sein. Ausführlich wird daher auf die unterschiedlichen Ansatzpunkte der Legasthenietherapie eingegangen. Sehr konkret werden Ratschläge für Eltern und Therapeuten sowie Lehrer und Schulpsychologen beschrieben.

Da Kinder mit Legasthenie Anspruch auf *Eingliederungshilfe* haben, wenn durch die Lese-Rechtschreibstörung ihre soziale Eingliederung gefährdet ist, ist den Fragen der *Begutachtung* besonderer Raum gegeben. Die einzelnen Bundesländer haben unterschiedliche Regelungen zur schulischen Förderung von Kindern mit Lese-Rechtschreibstörung. Auf diese länderspezifischen *Legasthenieerlasse* und die damit verbundenen Gutachtenverfahren wird in dem Buch sehr ausführlich eingegangen.

Die *Literaturliste* ist themenspezifisch gegliedert und im *Anhang* finden sich Musterbeispiele, wie sie für gutachterliche Fragestellungen Anwendung finden.

Dass es „die Legasthenie" gibt, wird von manchen Fachleuten bestritten. Das Buch will nicht auf diese akademische Diskussion eingehen. *Denn fest steht, dass es die Kinder gibt, die trotz hinreichender allgemeiner Begabung, Gesundheit und schulischer Unterrichtung Lesen und Rechtschreiben nur sehr unzureichend oder auch gar nicht erlernen können. Diesen Schülern und ihren Eltern zu helfen, ist das Anliegen. Allen Eltern und Fachleuten, die diesen Kindern und Jugendlichen Unterstützung und fachliche Hilfe geben möchten, soll dieses Buch ein Wegweiser sein.*

Unser herzlicher Dank gilt allen betroffenen Eltern und Fachkollegen, die mit Rat, Ermunterung und kritischer Lektüre zum Gelingen dieses Buches beigetragen haben. Wir danken den ärztlichen und psychologischen Mitarbeitern, den Therapeuten, dem Erziehungs- und Pflegedienst der Würzburger Klinik für Kinder- und Jugendpsychiatrie und Psychotherapie, die Verantwortung in der Betreuung der Kinder mit Legasthenie zu tragen haben. Dank sagen wir denen, die sich an der Korrektur des Manuskripts beteiligt haben: Frau Dr. Dummer-Smoch, Frau Firnhaber, Frau Dr. Hemminger, Herrn Prof. Grimm, Herrn Priv.-Doz. Dr. Wewetzer. Der Vorsitzenden des Bundesverbandes Legasthenie, Frau Sczygiel, danken wir für das Engagement zugunsten der Betroffenen und der Eltern. Herrn Ministerialrat Hartwig sei für seine Verdienste um die Formulierung der Bekanntmachung zur Förderung von Schülern mit Legasthenie in Bayern gedankt, Frau Staatsministerin M. Hohlmeier danken wir für die Durchsetzung des vorbildlichen Erlasses. Dem Bayerischen Staatsministerium für Arbeit und Sozialordnung, Familie, Frauen und Gesundheit unter der damaligen Verantwortung von Frau Ministerin a. D. B. Stamm sei für das Verdienst gedankt, dass es mit der Übernahme der Kriterien einer multiaxialen Diagnostik in die Richtlinien für Gutachten zur Eingliederungshilfe entscheidend zur Qualifizierung der Begutachtung beigetragen hat, Frau Regierungsrätin I. Gold für die Durchsicht der Abschnitte zu sozialrechtlichen Fragen. Herzlichen Dank gebührt Frau Prölß und Frau Springer, die mit viel Geduld und vorbildlicher Sekretariatsarbeit die Anfertigung des Manuskripts ermöglicht haben.

Würzburg, Herbst 2001
Andreas Warnke, Uwe Hemminger, Ellen Roth, Stefanie Schneck

Einleitung

Legasthenie, Lese-Rechtschreibstörung, Lese-Rechtschreibschwäche oder Lese-Rechtschreibschwierigkeiten sind Bezeichnungen, die immer wieder im Zusammenhang mit Problemen beim Erlernen des Lesens und Rechtschreibens verwandt werden. Teilweise werden diese Bezeichnungen als inhaltlich gleichsinnig gebraucht, teilweise verbergen sich hinter den verschiedenen Bezeichnungen Begriffsunterschiede. Um Missverständnissen vorzubeugen, ist es zweckmäßig, von einem international anerkannten Begriffsverständnis auszugehen. Die Weltgesundheitsorganisation hat einen Katalog psychischer Störungen veröffentlicht, mit dem Erkrankungen und Störungen klassifiziert und einheitlich definiert werden. *Die Definition und Klassifikation nach ICD-10 (International Classification of Diseases – 10. Fassung) liegt diesem Buch zugrunde. Demnach ist die Legasthenie eine umschriebene Beeinträchtigung im Erlernen des Lesens und des Rechtschreibens, die im Zusammenhang mit der biologischen Reifung des zentralen Nervensystems zu verstehen ist. Thema des Buches sind die Lese-Rechtschreibstörungen, die nicht Folge von unzureichender Beschulung, einer Intelligenzminderung oder anderen körperlichen, neurologischen oder psychischen Erkrankungen sind. Im Krankheitskatalog der Weltgesundheitsorganisation (ICD-10 der WHO) gilt die Legasthenie als eine umschriebene Entwicklungsstörung schulischer Fertigkeiten.*

Die Feststellung, ob eine Legasthenie vorliegt, setzt eine umfassende Diagnostik voraus. In der Kinder- und Jugendpsychiatrie und Psychotherapie wurde hierzu die sog. *„Multiaxiale Diagnostik"* entwickelt (Remschmidt, Schmidt, Poustka 2001). Sie beinhaltet eine internistische, neurologische und psychiatrisch-psychologische Untersuchung. Die Diagnose der Legasthenie ergibt sich nicht aus einer bloßen Testung der Rechtschreibung und des Lesens und der Intelligenz, sondern ergibt sich zusätzlich aus der oft mehrjährigen Erfahrung, dass ein im übrigen normal begabtes Kind trotz aller familiären schulbezogenen Bemühungen und trotz aller schulischen Unterrichtsbemühungen Lesen und Rechtschreiben nicht hinreichend zu lernen vermag. Die Diagnostik setzt eine enge Zusammenarbeit zwischen dem Kind, den Eltern, der Schule, dem schulpsychologischen Dienst, dem Arzt für Kinder- und Jugendpsychiatrie und Psychotherapie und dem Psychologen voraus. Diesen interdisziplinären Bemühungen entspricht das vorliegende Buch, indem es Gesichtspunkte des betroffenen Schülers, der Eltern und der Fachdisziplinen, die sich um eine Diagnostik und Behandlung bemühen, anspricht.

Die *Ursachenforschung* hat einen großen Aufschwung genommen. Medizin, Psychologie, Linguistik und Pädagogik haben ganz besonders dazu beigetragen.

Die große Bedeutung der Sprachentwicklung für die Schriftsprache ist erkannt. Die modernen bildgebenden Verfahren (Elektroenzephalographie, Magnetresonanztomographie, Positron-Emissions-Tomographie, Single-Photon-Emissions-Computertomographie) haben es ermöglicht, in neuer Weise die anatomischen und physiologischen Zusammenhänge der Lese-Rechtschreibstörung zu erkunden. Mit den molekulargenetischen Methoden wurden Genorte auf verschiedenen Chromosomen eingegrenzt, die für die Ausbildung von schriftsprachlichen Funktionen zweifellos bedeutsam sind. Die neurobiologische und entwicklungspsychologische Erklärung der Lese-Rechtschreibstörung hat zu einem neuen Selbstbewusstsein der Menschen mit Legasthenie geführt und den schulrechtlichen, pädagogischen und therapeutischen Ansätzen eine neue Begründung gegeben. Dies verständlich zu machen, ist auch ein Anliegen des Buches.

Mit der Diagnose der Legasthenie verbinden sich auch *sozialrechtliche und gesundheitspolitische Fragestellungen*. Fragen der Kostenübernahme für Diagnostik, Therapie und Eingliederungshilfe sind wichtig. Die schulrechtlichen Bestimmungen sind in den einzelnen Bundesländern unterschiedlich. Diese komplexen gesundheits- und sozialrechtlichen Gegebenheiten machen es den Eltern und Betroffenen nur sehr schwer möglich, frühzeitig qualifizierte Hilfe und letztendlich auch finanzielle Unterstützung zu finden. Daher ist es ein Anliegen des Buches, zu den schulrechtlichen, sozialrechtlichen und den damit verbundenen gutachterlichen Fragestellungen einen Leitfaden mitzugeben.

Die Behandlung der Legasthenie ist schwierig und langwierig. Sie geschieht im Zusammenwirken von Kind, Eltern, Schule und oft auch Therapeuten. Auch dies ist wiederum für alle Beteiligten eine komplexe Aufgabenstellung. Das Buch gliedert das Behandlungskapitel nach dem gewöhnlichen Ablauf von Beratung, schulischen Konsequenzen und therapeutischen Maßnahmen. Außerschulisch ist ein freier Markt der Therapie entstanden, wozu Betroffene und Eltern Information benötigen. Das Buch fasst die international bewährten Grundsätze der Legastheniebehandlung zusammen und geht auch auf die neuen rechnergesteuerten Fördermöglichkeiten ein. Ein besonderes Gewicht kommt auch den Begleitstörungen und Begleitumständen, die mit der Legasthenie einhergehen können, zu. Daher haben auch medikamentöse, augenärztliche und ohrenärztliche Themen Eingang gefunden.

Früherkennung und Prävention sind möglich. Bereits im Kindergartenalter lassen sich Merkmale erkennen, die uns frühzeitig auf Kinder aufmerksam machen, die wahrscheinlich fachliche Hilfe mit Beginn des Lese-Rechtschreibunterrichts gebrauchen können. Den Prinzipien der Früherkennung und Frühbehandlung kommt auch Bedeutung für den frühen Lese-Rechtschreibunterricht im Grundschulalter zu.

Das Buch möge eine Handreichung sein, die letztendlich dem Wohl der Schüler mit Legasthenie, ihrer schulischen, familiären und sozialen Eingliederung dient und die Fachkräfte sehr konkret darin unterstützt, das notwendige Verständnis und die wirksamen Hilfen im Zusammenwirken mit der Familie zu finden.

1 Was ist Legasthenie?

1.1 Definition

Die Legasthenie ist eine umschriebene und schwerwiegende Beeinträchtigung des Erlernens von Lesen und Rechtschreibung, die in Besonderheiten von Hirnfunktionen begründet ist. Diese in allen Schriftsprachen vorkommende Teilleistungsstörung ist veranlagt und nicht die Folge von unzureichender Beschulung, einer Intelligenzminderung oder anderen körperlichen, neurologischen oder psychischen Erkrankungen.

Die Weltgesundheitsorganisation (WHO) hat die Lese- und Rechtschreibstörung, die in allen Schriftsprachen der Welt vorkommt, in den Krankheitskatalog (ICD-10; Dilling et al. 1991) aufgenommen. Darin ist die Legasthenie im Kapitel der „umschriebenen Entwicklungsstörungen schulischer Fertigkeiten" klassifiziert. Es wird angenommen, dass die Lernstörung wesentlich durch biologisch begründete Besonderheiten der Informationsverarbeitung im zentralen Nervensystem bestimmt ist. Die eigentliche Ursache der Veranlagung ist noch unbekannt. In vielen Fällen bestehen die Lese-Rechtschreibschwierigkeiten bis in das Erwachsenenalter hinein.

In der „Internationalen Klassifikation psychischer Störungen" (ICD-10 der Weltgesundheitsorganisation) ist die Lese- und Rechtschreibstörung folgendermaßen definiert:

„Das Hauptmerkmal dieser Störung ist eine umschriebene und eindeutige Beeinträchtigung in der Entwicklung der Lesefertigkeiten, die nicht allein durch das Entwicklungsalter, durch Visusprobleme oder unangemessene Beschulung erklärbar ist. Das Leseverständnis, die Fähigkeit, gelesene Worte wiederzuerkennen, vorzulesen und die Leistungen bei Aufgaben, für welche Lesefähigkeit benötigt wird, können sämtlich betroffen sein. Mit Lesestörungen gehen häufig Rechtschreibstörungen einher. Diese persistieren oft bis in die Adoleszenz, auch wenn im Lesen einige Fortschritte gemacht wurden .... Die Leseleistungen des Kindes müssen unter dem Niveau liegen, das aufgrund des Alters, der allgemeinen Intelligenz und der Beschulung zu erwarten ist .... In der späteren Kindheit und im Erwachsenenalter sind die Rechtschreibprobleme meist größer als Defizite in der Lesefähigkeit" (Seite 257 bis 258).

Im Schulalter sind mindestens 4 % der Schüler schwerwiegend von einer Lese-Rechtschreibstörung betroffen. Jungen werden darin häufiger auffällig als Mädchen.

Abbildung 1:
„Stieftochter und Stiefmutter".

Was heißt „Teilleistungsstörung" oder „umschriebene Entwicklungsstörung"?

Die Lese-Rechtschreibstörung ist eine „Teilleistungsstörung", genauer: umschriebene Entwicklungsstörung. Was damit gemeint ist, lässt sich am „Vexierbild" veranschaulichen. Die Anweisung lautet: „Erkenne das Gesicht der jungen Frau („Stieftochter") und das Gesicht der alten Frau („Stiefmutter")!" Auch wenn diese Anweisung verstanden ist, eine normale Intelligenz und normales Sehvermögen bestehen, sowie die sprachliche Fähigkeit, die Antwort mitzuteilen, so kann ein Mensch trotzdem daran scheitern, überhaupt ein Gesicht in dem graphischen Abdruck zu erkennen oder es gelingt ihm nur eines der beiden möglichen Gesichter wahrzunehmen. Wir würden von einer „visuellen Wahrnehmungsstörung" sprechen, wenn eine solche Aufgabe nicht gelöst werden kann und die Lösungsfähigkeit für die Bewältigung einer Alltagsaufgabe notwendig wäre. Gleichsinnig ist das Problem bei der Lese-Rechtschreibstörung (Legasthenie): Der Mensch mit Legasthenie hat die hinreichende Intelligenz, die Anweisung zu verstehen, die einzelnen Buchstaben zu sehen und er ist hinreichend schriftsprachlich unterrichtet: Trotz aller Bemühung vermag er die Einzelbuchstaben nicht als sinnvolle Buchstabenfolge zusammenzulesen und in ein gesprochenes Wort zu übersetzen. Personen mit Legasthenie haben übrigens keine Schwierigkeit, die zwei Gesichter in dem Vexierbild zu erkennen. Vielmehr wirkt sich die Wahrnehmungsstörung bei Legasthenie ausschließlich bei der alphabetischen Buchstabenfolge aus.

Eine umschriebene Entwicklungsstörung ist also eine Besonderheit zentralnervöser Informationsverarbeitung und man kann dies keinesfalls mit „Hirnschaden" gleichsetzen. Bei unterschiedlicher musikalischer Begabung sprechen wir dem „unmusikalischen" Kind auch keinen Hirnschaden zu. Allerdings handelt es sich bei „Unmusikalität" auch um eine Besonderheit der zentralnervösen Informationsverarbeitung bei musikalischen Aufgabenstellungen, die in engem Zusammenhang mit der biologischen Reifung des zentralen Nervensystems steht. Analoges gilt für die fehlende Begabung, die visuelle Wahrnehmungsaufgabe „Vexierbild" oder eben die Leseaufgabe (Phonem und Graphem im Wort zusammenzufügen) zu lösen. – Eine Person mit Rot-Grün-Blindheit kann z. B. in einem bestimmten Farbfeld die Ziffer „2" nicht erkennen – somit lässt sich die Diagnose stellen. Die gleiche Person erkennt die Ziffer „2" in einem bestimmten anderen Farbfeld, aus dem der Normal-Farbsichtige keine Ziffer identifizieren kann: Was also der Person mit Rot-Grün-Blindheit bei einer Aufgabe ein „Defizit" (Teilleistungsstörung) ist, ist ihr bei anderer Aufgabe eine „Begabung" (Teilleistungsstärke). Auch dieses Beispiel zeigt, dass eine umschriebene Entwicklungsstörung nicht als Anzeichen (Symptom) eines Hirnschadens zu verstehen ist: Sie ist Ausdruck einer Besonderheit zentralnervöser Informationsverarbeitung, die in engem Zusammenhang mit der biologischen Ausstattung und Reifung des zentralen Nervensystems steht.

Abbildung 2:
Rechtschreibung bei Legasthenie.

Rechtschreibbeispiel eines 10-jährigen Jungen mit schwerer Legasthenie in einer Klassenarbeit. Der Landkarte (obere Bildhälfte) hatte er die Orts-, Fluss- und Gebirgsnamen aus dem Gedächtnis zuzuordnen. Die vorgegebene Kartenskizze mit Flussverläufen und Orten hatte er mit guter Note richtig beantwortet, während kaum ein Name orthographisch richtig geschrieben ist. Gesamt-IQ 93 im HAWIK-R, Rechtschreibprozentrang < 1; Note 2 in Mathematik. Der Schüler hatte also eine hinreichende Intelligenz, um sich den Wissensstoff zur Geographie anzueignen und aus dem Gedächtnis abzurufen. Dies konnte er besser als die meisten seiner Mitschüler. Er erhielt später einen Buchpreis wegen seiner ausgezeichneten Leistungen in Mathematik. Trotz intensiver Unterrichtung in der Rechtschreibung blieb er „ungenügend" beim Diktat. Diagnose: Lese-Rechtschreibstörung F 81.0 (Achse II gemäß Abb. 3).

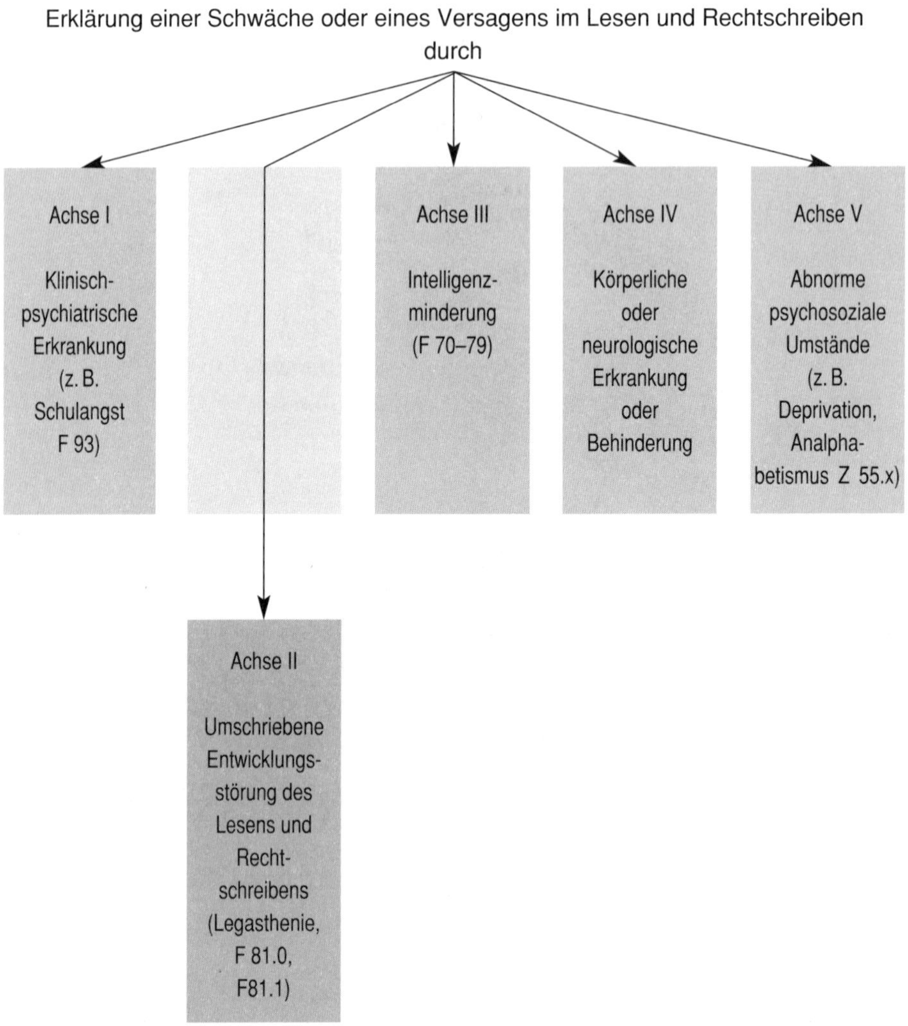

Abbildung 3:
Klassifikation von Lese-Rechtschreibschwierigkeiten nach Maßgabe der multiaxialen Diagnostik gemäß ICD-10. Gegenstand dieser Handreichung ist die umschriebene Entwicklungsstörung des Lesens und Rechtschreibens (Legasthenie), die der Achse II „Entwicklungsstörungen schulischer Fertigkeiten“ zugeordnet ist. Alle anderen Lese- und Rechtschreibschwierigkeiten, die sich aus Erkrankungen ergeben, die den Achsen I, III, IV und V zugeordnet sind, sind differentialdiagnostisch von der Legasthenie abzugrenzen. So kann eine Lese-Rechtschreibschwäche im Rahmen einer Angsterkrankung oder einer Schizophrenie vorübergehend eintreten (Achse I). Abzugrenzen ist die Lese-Rechtschreibschwäche infolge geistiger Behinderung (Achse III), einer körperlichen oder neurologischen Erkrankung oder Behinderung (z. B. Epilepsie, Zerebralparese, Blindheit, Hörstörung; Achse IV) oder unzureichender Beschulung (Analphabetismus; Achse V).

1.2 Wie zeigt sich die Legasthenie?

1.2.1 Die Zeichen der Lesestörung

Manche Kinder lernen das Lesen ohne besondere Unterrichtung bereits vor Eintritt in die Schule. Die meisten Kinder allerdings lernen es mit dem Leseunterricht, der mit der Einschulung beginnt. Woche für Woche wird ein neuer Buchstabe erlernt und sehr rasch üben die Erstklässler, einzelne Buchstaben zu einem Wort zusammenzulesen. In den ersten 9 bis 12 Wochen werden die ersten 10 Buchstaben und 20 bis 30 Wörter unterrichtet. In diesem Moment, oft also bereits von der ersten Schulwoche an, zeigen sich in den meisten Fällen der schwer betroffenen Kinder mit Legasthenie bereits die ersten Merkmale der Lese-Rechtschreibstörung:

> Sie beherrschen die gelernten Buchstaben nicht sicher, können sie nicht beim Lernen anderer Wörter nutzen und die Kinder lernen es nicht, die unterrichteten Wörter zu lesen und auswendig zu schreiben – das Abschreiben gelingt meist fehlerlos. Bald wird erkennbar, dass das Kind Schwierigkeiten hat, das Alphabet aufzusagen, Buchstaben korrekt zu benennen, Laute akustisch zu unterscheiden (z. B. „o“ von „u“) und Buchstaben, wenn sie im Wort aneinandergereiht sind, zusammenzulesen, z. B. „i“ und „m“ als „im“ zu lesen; der einzelne Buchstabe kann lautiert werden, das „Zusammenschließen“ der Laute zum Wort gelingt aber beim Lesen nicht.

Diese Schwierigkeiten führen Eltern sehr rasch dazu, bei der Erledigung der *Hausaufgaben* neben dem Kind sitzen zu bleiben. Die ersten Tränen fließen. Viele Eltern haben Sorge, die Leseschwierigkeit könnte an mangelhaftem *Sehen* oder *Hören* oder an nicht hinreichender *Intelligenz* liegen. Üben die Kinder zu Hause deshalb besonders viel, so können sie im Unterricht scheinbar „lesen“, dabei haben sie den Text auswendig gelernt. Dies gelingt vor allem den überdurchschnittlich oder besser begabten Kindern mit Legasthenie. *Daher kann es sein, dass Eltern und Lehrer in den ersten beiden Schulklassen die Legasthenie des Kindes nicht bemerken.* Im späteren Lese-Lernstadium, wenn unbekannte Texte abgefragt werden, treten dann beim lauten Vorlesen die Schwierigkeiten zu Tage.

Die Weltgesundheitsorganisation (WHO) hat in ihrem Katalog zu den psychischen Erkrankungen die *Symptome der Lesestörung* folgendermaßen zusammengefasst (vgl. ICD-10, WHO, 1991, S. 258):

Symptome der Lesestörung sind:

- Auslassen, Ersetzen, Verdrehen oder Hinzufügen von Worten oder Wortteilen;
- verlangsamte Lesegeschwindigkeit;

- Startschwierigkeiten beim Vorlesen, langes Zögern oder Verlieren der Zeile im Text, stockendes Lesen von Wort zu Wort, aber auch von Buchstabe zu Buchstabe; ungenaues, nicht sinnhaftes Betonen beim Lesen;
- Vertauschen von Wörtern im Satz oder von Buchstaben in den Wörtern.
- Eine Unfähigkeit, Gelesenes wiederzugeben, aus Gelesenem Schlüsse zu ziehen oder Zusammenhänge zu sehen.

Ist die Lesestörung stark ausgeprägt, so gelingt es dem Kind nicht, den Lesefehler zu erkennen und sich zu korrigieren, auch wenn es auf den Fehler hingewiesen wird. Kennzeichnend ist, dass nach einer Leseübung ein zunächst richtig gelesenes Wort im nächsten Satz bereits wieder falsch gelesen wird, bei späteren Wortwiederholungen wieder richtig oder in anderer Form fehlerhaft, als ob gelesene Worte in ihrem orthographischen Bild oder in ihrer Lautstruktur nicht wiedererkannt oder erinnert werden könnten.

Die meisten Kinder mit Legasthenie lernen das Lesen. Im Vergleich zu den gleichaltrigen und gleichbegabten Mitschülern, die keine Legasthenie haben, bleibt das Lesen jedoch verlangsamt, es bereitet mehr Mühe, so dass auch die Sinnentnahme schwieriger sein kann.

1.2.2 Die Zeichen der Rechtschreibstörung

Das Scheitern in der Rechtschreibung wird in der Schule spätestens bei ungeübten Diktaten, wenn sie als mangelhaft und ungenügend benotet werden, deutlich. Doch bereits Erstklässler, die von schwergradiger Legasthenie betroffen sind, scheitern von Anfang an – wie bei der Lesestörung beschrieben – beim Rechtschreiben. Dabei kann das Schriftbild schön sein, denn *nicht Schönschrift ist das Problem, sondern die Rechtschreibung.*

Symptome der Rechtschreibstörung sind:

- Verdrehungen von Buchstaben im Wort (Reversionen): z. B. b/d, p/q, u/n;
- Umstellungen von Buchstaben im Wort (Reihenfolgefehler): z. B. die/dei;
- Auslassungen von Buchstaben: z. B. „ach“ anstatt „auch“;
- Einfügungen falscher Buchstaben: z. B. „Artzt“ anstatt „Arzt“;
- Dehnungsfehler: z. B. „Zan“ anstatt „Zahn“; „ihm“ anstatt „im“;
- Fehler in der Groß- und Kleinschreibung (Regelfehler): z. B. „morgen“ anstatt „Morgen“;
- Verwechslung von d/t, g/k, v/f („Wahrnehmungsfehler“);
- Fehleränderung: ein- und dasselbe Wort wird immer wieder unterschiedlich fehlerhaft und zwischendurch auch richtig geschrieben (Fehlerinkonstanz).

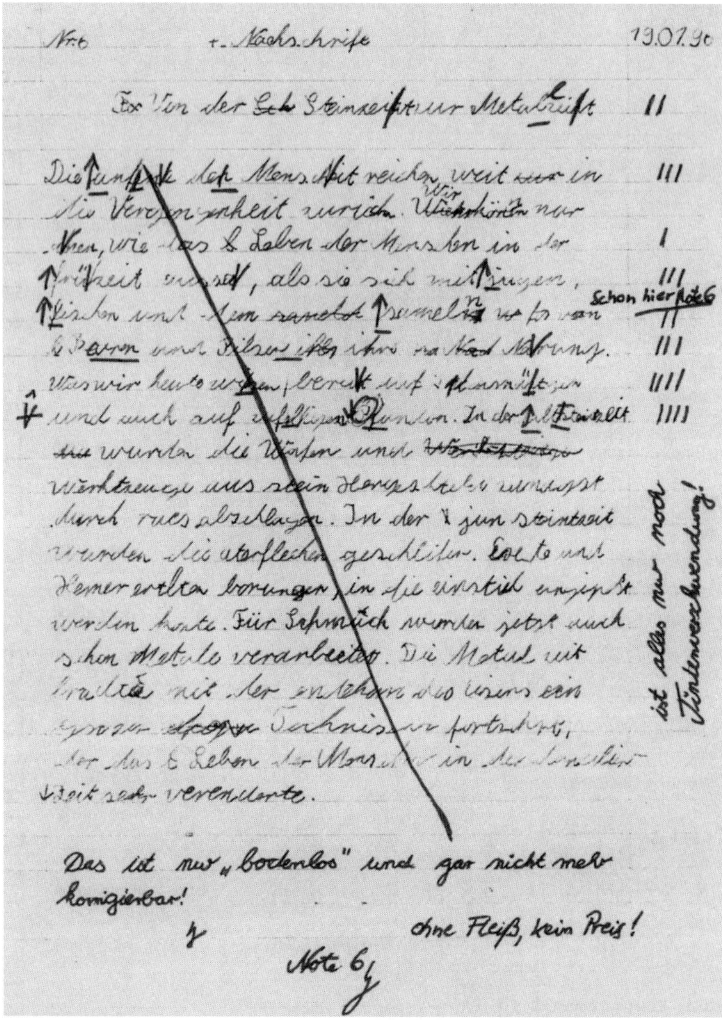

Abbildung 4 a:
Differentialdiagnose: Legasthenie ist nicht das Ergebnis von „Faulheit“ oder unzureichender Beschulung.

Schriftbild eines Schülers der 5. Klasse Hauptschule mit Legasthenie (IQ im Normbereich, Prozentrang im Rechtschreibtest < 5). Stationäre Einweisung wegen Suizidalität, Einnässen, Einkoten, Schulangst. Der „ungenügende“ Erwerb der Rechtschreibfähigkeit wurde als Ergebnis von „Faulheit“ verkannt; dass der Schüler normal intelligent war, hatte die Lehrkraft richtig erkannt. Dies ist ein Beispiel dafür, dass die Diagnose Voraussetzung für ein hilfreiches Verständnis und die zweckmäßige pädagogische und therapeutische Hilfe ist. Wäre die schlechte Diktatleistung Ergebnis unzureichenden Fleißes, also fehlender Unterrichtung, so lautete die Diagnose nicht Legasthenie, sondern „Analphabetismus“ (Beispiel zu Achse V in Abb. 3).

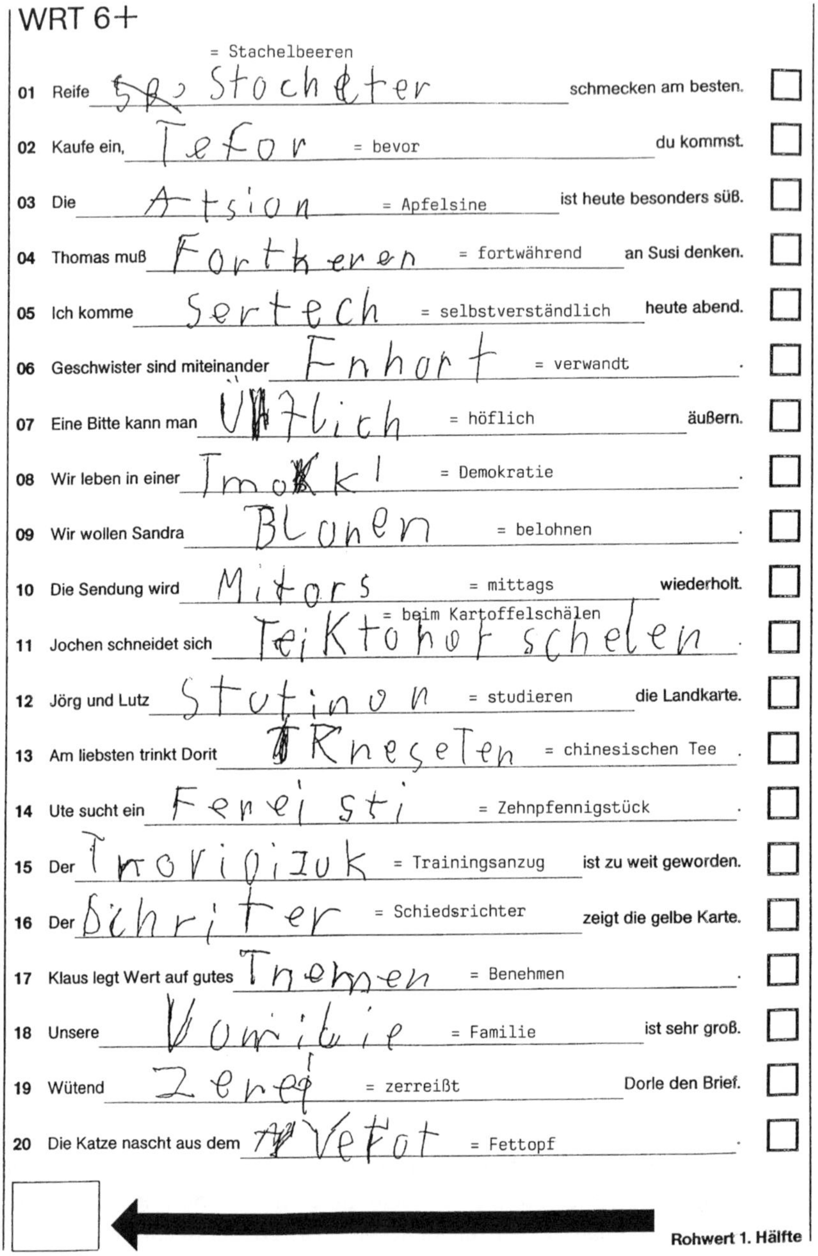
WRT 6+

01	Reife	Stochter (= Stachelbeeren)	schmecken am besten.
02	Kaufe ein,	Tefor (= bevor)	du kommst.
03	Die	Atsion (= Apfelsine)	ist heute besonders süß.
04	Thomas muß	Fortkeren (= fortwährend)	an Susi denken.
05	Ich komme	Sertech (= selbstverständlich)	heute abend.
06	Geschwister sind miteinander	Enhort (= verwandt)	.
07	Eine Bitte kann man	Üflich (= höflich)	äußern.
08	Wir leben in einer	Imokl (= Demokratie)	.
09	Wir wollen Sandra	Blonen (= belohnen)	.
10	Die Sendung wird	Mitors (= mittags)	wiederholt.
11	Jochen schneidet sich	Teiktohof schelen (= beim Kartoffelschälen)	.
12	Jörg und Lutz	Stutinon (= studieren)	die Landkarte.
13	Am liebsten trinkt Dorit	Rneseten (= chinesischen Tee)	.
14	Ute sucht ein	Fenei sti (= Zehnpfennigstück)	.
15	Der	Troriqizuk (= Trainingsanzug)	ist zu weit geworden.
16	Der	Sihrifer (= Schiedsrichter)	zeigt die gelbe Karte.
17	Klaus legt Wert auf gutes	Tnemen (= Benehmen)	.
18	Unsere	Vomilie (= Familie)	ist sehr groß.
19	Wütend	Zerep (= zerreißt)	Dorle den Brief.
20	Die Katze nascht aus dem	Vefot (= Fettopf)	.

Rohwert 1. Hälfte

Abbildung 4 b:
Beispiel für eine Legasthenie bei einem 12;2 Jahre alten Schüler der 6. Klasse L-Schule. Intelligenzquotient: Kaufman-Assessment Battery for Children (K-ABC): Gesamt-IQ 86; Hamburg-Wechsler-Intelligenztest für Kinder (HAWIK-R): Gesamt-IQ 89. Rechtschreibleistung im WRT 6+: Erreichter Prozentrang <1.

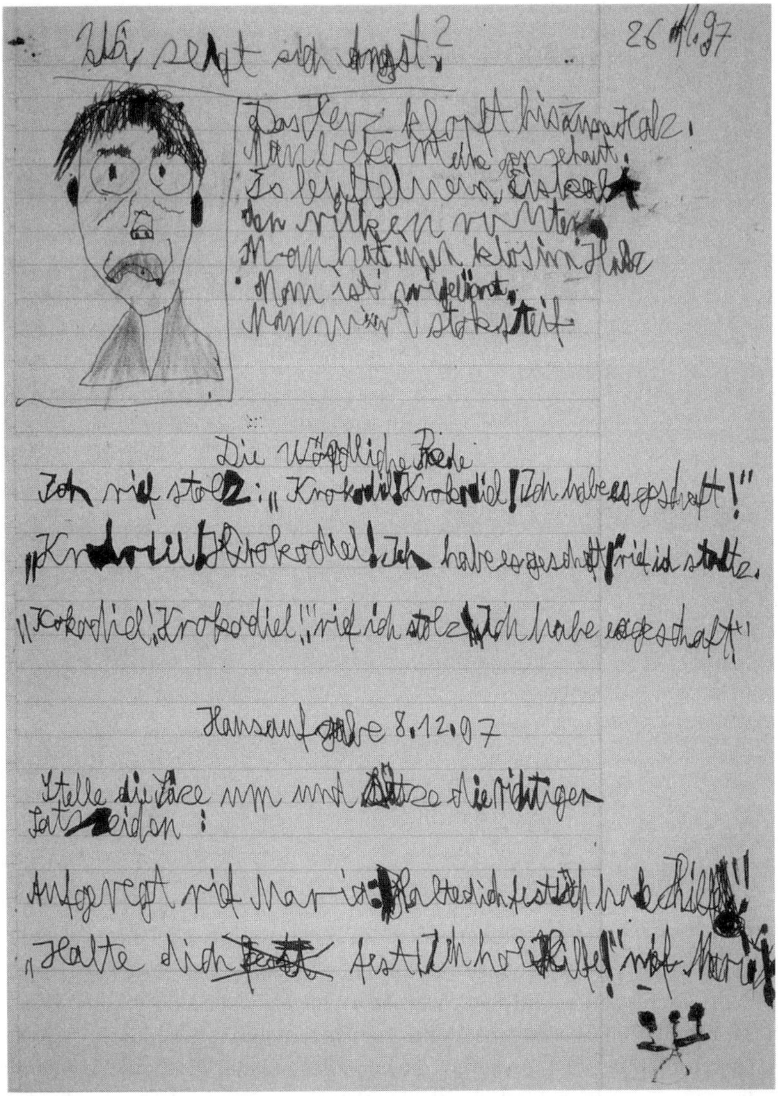

Abbildung 5 a:
Differentialdiagnostik der Legasthenie: „Graphomotorische Störung“ (Störung der Schönschrift).

Schwergradige graphomotorische Störung eines gemäß IQ grundsätzlich gymnasial begabten Schülers. Er konnte jedoch den graphomotorischen Anforderungen des Gymnasiums nicht entsprechen. Er konnte die Zeile und den Zeilenrand nicht einhalten. Die Richtung der Buchstaben und ihre Größe sind instabil, der Schreibdruck ist unausgeglichen, so dass es zu Verklecksungen kommt. Das Schreibtempo war verlangsamt. Zusätzlich bestand eine Rechtschreibstörung. Diagnose: Entwicklungsstörung der Motorik (Graphomotorik) und Lese-Rechtschreibstörung.

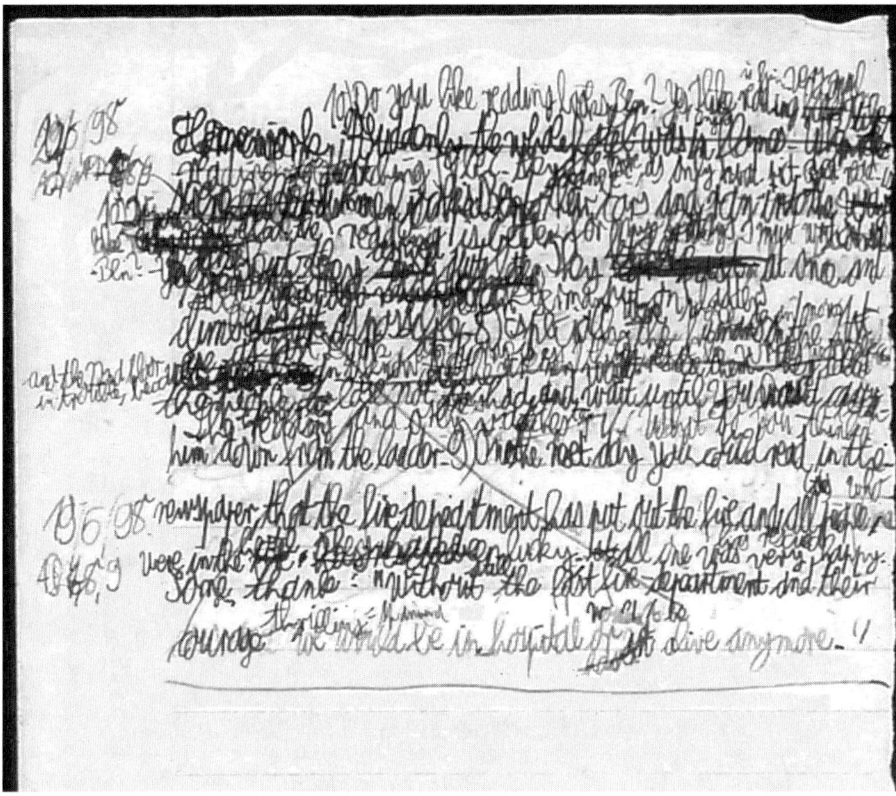

Abbildung 5 b:
Differentialdiagnostik bei Legasthenie.

Schriftbild bei akuter schizophrener Psychose (Gymnasiast, 13 Jahre). Innerhalb von Wochen kam es zu völligem Schriftzerfall. Dies ist ein Beispiel für eine „vorübergehende Rechtschreibstörung" infolge einer akuten psychischen Erkrankung. Hier handelt es sich um den (vorübergehenden) Verlust der bereits erworbenen Schriftsprachfähigkeit. Nach neuroleptischer Behandlung gewann der Schüler die normale Schreibfähigkeit zurück, wenngleich er durch die Schizophrenie den Anforderungen des Gymnasiums nicht mehr entsprechen konnte (Beispiel für eine durch psychische Erkrankung verursachte Schriftsprachstörung: Achse I in Abb. 3).

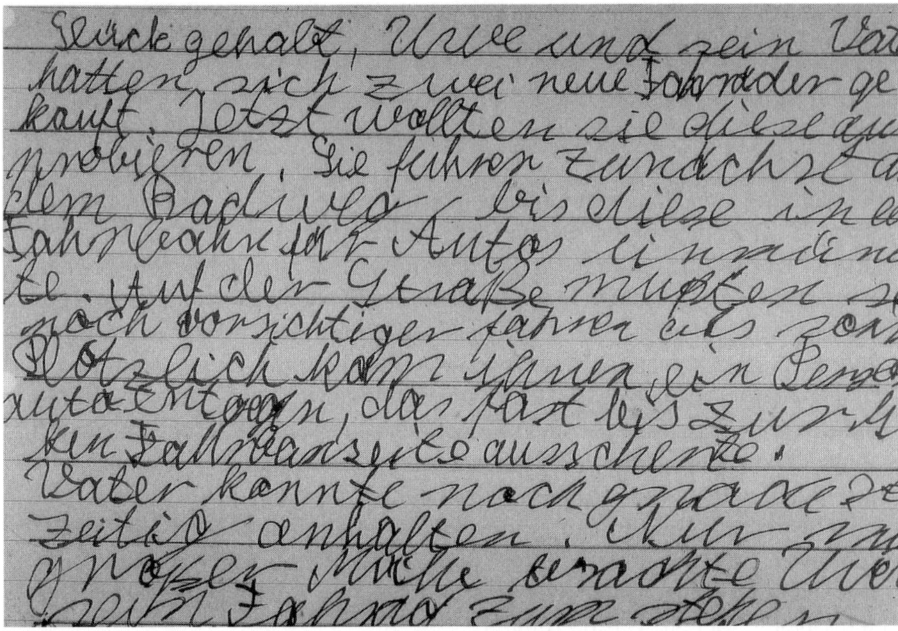

Abbildung 5 c:
Geistige Behinderung und Rechtschreibung.

Rechtschreibleistung nach Diktat einer Schülerin, die von der 1. Klasse an in einer Schule für Kinder mit geistiger Behinderung beschult wurde. IQ nach HAWIK: 54 Gesamt-IQ. Die Schülerin vermochte auch schwierige Texte flüssig zu lesen. Sie konnte jedoch den Inhalt des gelesenen Textes nicht verstehen und nicht wiedergeben. Sie machte beim Diktat nahezu keine Fehler. Dies ist ein Beispiel, dass Rechtschreibung grundsätzlich weitgehend unabhängig von der allgemeinen Intelligenzentwicklung erlernbar ist und sie als „Teilleistung" eine eigenständige Lernfähigkeit voraussetzt. Die Korrelation zwischen Intelligenzquotienten und Lese- und Rechtschreibfähigkeit liegt bei etwa r = 0.4.

Aus den Fehlerbeispielen wird sofort erkennbar, dass mit solchen Lese- und Rechtschreibfehlern die Sinnentnahme beeinträchtigt sein kann.

Merke:

Kinder, die schnell auswendig lernen, können die Lese- und Rechtschreibstörung oft in den ersten beiden Schuljahren gut „verbergen". Erst in der dritten Klasse, wenn ungeübte Diktate und Aufsätze geschrieben werden, können die Kinder sich nicht mehr auf auswendig Gelerntes stützen und die Störung wird sichtbar. Dies kann auch dann eintreten, wenn die Anforderungen plötzlich ansteigen, etwa beim Wechsel auf das Gymnasium in der 5. Klasse. Die Aufgaben werden schwieriger, der Schüler konzentriert sich auf den Inhalt der Aufgabe und die Konzentration auf die Rechtschreibung muss vernachlässigt werden. Daher wird die Rechtschreibstörung bei sehr intelligenten Kindern manchmal erst beim Übergang in die Realschule oder in das Gymnasium in einem Ausmaß deutlich, so dass die Rechtschreibung als mangelhaft benotet wird. In der Regel jedoch behindert das Rechtschreibversagen die Kinder von den ersten Schultagen an bei allen schriftsprachlichen Anforderungen.

1.2.3 Zusätzliche Schwierigkeiten

Viele der Kinder mit Legasthenie waren bis zur Einschulung in ihrer Entwicklung unauffällig und sie haben sich auf die Schule gefreut. Die Kinder möchten lesen, schreiben und rechnen lernen. Umso größer ist die *Enttäuschung,* schließlich auch die Verzweiflung, wenn dies alles nicht gelingt, so sehr sie sich auch bemühen. Die Schwierigkeiten im Lesen, die vielen rot angestrichenen Fehler beim Diktat sind dem Kind unbegreiflich, buchstäblich nicht „einsichtig". Ab der 3. Klasse gibt es Noten und in den Diktaten und Nachschriften gibt es nur die *Noten 5 und 6*, so sehr zu Hause auch geübt wurde. Ein Schüler mit Legasthenie drückte seine Erfahrung mit dem Satz aus: „Über Jahre bin ich jeden Tag für Fehler bestraft worden, die ich nicht sehen kann". Der Schüler mit Legasthenie beginnt zu leiden, wenn alles Bemühen, Lesen und Rechtschreiben zu lernen, erfolglos bleibt, und er sich durch schlechte Noten hilflos und durch manche *Hänselei* gedemütigt erlebt. Vorausgehende und *begleitende Schwierigkeiten* können sein:

- *Sprachschwierigkeiten:* Kinder mit Legasthenie lernen oft später in Sätzen zu sprechen (Entwicklungsverzögerung), die Laute richtig auszusprechen (Artikulationsstörung), grammatikalisch richtig zu formulieren (Dysgrammatismus), die Worte zu finden (Wortfindungsstörung). Das Auswendiglernen von Gedichten fällt schwer (sprachgebundene Gedächtnisschwäche). Das Benennen von Gegenständen, Farben usw. ist verlangsamt (der Zugriff auf das sprachliche Lexikon erschwert).

- Beim Lesenlernen ist das Kind mit Legasthenie insbesondere benachteiligt, wenn es die Lautstruktur einer Sprache nicht wahrzunehmen vermag: Die sog. Schwäche in der *„phonologischen Bewusstheit“*. Diese ist in Abschnitt 2.2 näher beschrieben.
- *Visuelle und visuo-motorische Symptome* sind bei einem geringeren Teil der Kinder mit Legasthenie – dann auch schon im Vorschulalter – beobachtbar. Eltern berichten, dass die Kinder ungern malen und zeichnen, sie bereits im Kindergarten Schwierigkeiten beim Schneiden mit der Schere, bei der Stifthaltung oder beim Gebrauch von Besteck hatten. Manche berichten das Ungeschick beim An- und Auskleiden, Zuknöpfen oder Schleifebinden. Andere Kinder haben es schwer, die Uhrzeit aus dem Zeigerstand abzulesen, rechts und links zu unterscheiden oder zu benennen, welches die linke und welches die rechte Hand ist. Anderen gelingt es nicht, Figuren wie Dreiecke und kompliziertere Figuren aus der Menge anderer Figuren zu erkennen, solche Figuren abzuzeichnen oder aus dem Gedächtnis heraus zu zeichnen.
- *Aufmerksamkeitsschwierigkeiten, motorische Unruhe und Impulsivität* sind häufiger mit Lese- und Rechtschreibstörungen verbunden. Bei der Diagnostik ist es daher wichtig, zu prüfen, ob nicht zusätzlich ein sog. *Hyperkinetisches Syndrom* vorliegt, das im Einzelfall sehr gut behandelt werden kann.

Merke:

Durchaus nicht alle Kinder, die im Vorschulalter Schwierigkeiten in der Sprachentwicklung oder in der visuo-motorischen Entwicklung hatten, werden Lese-Rechtschreibschwierigkeiten haben. Die meisten dieser Kinder werden keine Legasthenie haben. Umgekehrt jedoch gilt: Wer im Schulalter eine Legasthenie erkennen lässt, hat oder hatte sehr häufig sprachliche und seltener andere Entwicklungsauffälligkeiten; auf Aufmerksamkeitsstörungen ist besonders zu achten.

- *Psychische Auffälligkeiten* werden dann wahrscheinlich, wenn die Schwierigkeiten im Lesen und Rechtschreiben zu allgemeinen schulischen Nachteilen führen, das Kind täglich im Unterricht und bei den Hausaufgaben überfordert ist, vielleicht gehänselt und irrtümlich für minderbegabt eingeschätzt wird, Verständnis sowie Unterstützung fehlen. Besonders häufig kommt es zu folgenden psychischen und erzieherischen Schwierigkeiten:

  a) *Konzentrationsstörungen und motorische Unruhe* als Folge der Legasthenie: Kinder mit Legasthenie, die einem Großteil des Unterrichts nicht folgen können, weil sie mit dem Lesen nicht nachkommen oder bei Schreibarbeiten zurückbleiben, sind leicht darin überfordert, über sechs Stunden bei

der Sache zu sein, so sehr sie auch grundsätzlich fähig sind, aufmerksam zu sein und stillsitzen zu können. Es liegt *kein* „Hyperkinetisches Syndrom“ vor; wenn es nämlich nicht um Lesen und Rechtschreiben geht, sind solche Kinder normal konzentriert und motorisch beherrscht.
b) *Allgemeines schulisches Versagen* bei schulischen Leistungsanforderungen: Da Lesen und Rechtschreiben auch in den Schulfächern wie z. B. Religion, Heimat- und Sachkunde und auch bei mathematischen Textaufgaben benötigt werden, wirkt sich die Schwäche im Lesen und Rechtschreiben nicht nur im Deutschen, sondern auch in anderen Fächern – insbesondere in den Fremdsprachen – nachteilig aus.
c) *Lernunlust:* Die Kinder haben es schwer, sich an die Hausaufgaben zu setzen, sie zögern den Beginn der Hausaufgaben hinaus, haben keinen Spaß am Lernen und beteiligen sich nicht am Unterricht, weil sie sich keinen Erfolg versprechen. Alles Lesen und Rechtschreiben ist mühselig und das Ergebnis ist bei aller Anstrengung doch nur eine schlechte Note. Es kommt zu depressiven Verstimmungen.
d) Zeichen der *Schulangst und Versagensangst* sind *körperliche Beschwerden:* Bauchschmerzen, Übelkeitsgefühle bis hin zum Erbrechen im Zusammenhang mit schulischen Anforderungen werden häufig beklagt. Die Symptome verschwinden in der Regel am Freitagnachmittag nach Schulschluss und treten am Sonntagabend wieder auf, sie verschwinden in den Ferienzeiten und kommen mit Beginn der Schulzeit wieder zurück. Manche Kinder *verstummen im Unterricht,* weil sie den Misserfolg fürchten; manche Kinder *verweigern Hausaufgaben und Schulbesuch,* sie geraten in panische Angst, wenn die Eltern sie zum Schulbesuch „zwingen“ wollen. Es kommt dann rasch zu schulischen Fehlzeiten und die zusätzlichen Lernrückstände machen die Rückkehr in die Klasse nur noch schwerer.
e) *Erziehungsschwierigkeiten* sind beim Schüler mit Legasthenie oft Anzeichen einer schulischen Überforderung. Wenn das Kind beginnt, den Schulbesuch und die Hausaufgaben zu verweigern, den Unterricht zu stören, Mitschüler zu ärgern oder den „Klassenkasper“ zu spielen, so ist das nicht „böser Wille“ oder „falsche Erziehung“, sondern Ausdruck der Hilflosigkeit durch Überforderung.
f) *Hausaufgabenkonflikte* sind die Regel. Bei Schülern mit schwerer Legasthenie treten sie bereits nach wenigen Schultagen ein. Durchschnittlich arbeiten Schüler mit Legasthenie bereits im Grundschulalter zweieinhalb Stunden täglich an den Hausaufgaben. Oft kommt es dabei zu Tränen. Streit und Tränen werden immer wahrscheinlicher, je vergeblicher die Bemühungen des Kindes – und der Eltern – sind, mit den Hausaufgaben zurechtzukommen. Hinweise zur Hausaufgabensituation finden sich im Abschnitt 7.6.

Merke:

Alle genannten Schwierigkeiten sollten nicht Anlass sein, die Schuldfrage zu stellen und zu allererst an den eigenen elterlichen erzieherischen Fähigkeiten, den Qualitäten des Lehrers oder am guten Willen und Fleiß des Kindes zu zweifeln. Die Symptome können Folge der Legasthenie sein; sie können aber auch andere Gründe haben. Daher ist eine medizinische und psychische (kinder- und jugendpsychiatrische) Diagnostik notwendig.

Die Aufgabe lautet: Den Fachmann aufsuchen – Diagnostik durchführen – das Kind verstehen – Hilfe gewinnen.

2 Ursachen der Legasthenie – wie können wir die Lese-Rechtschreibstörung erklären?

Die Lese-Rechtschreibstörung hat unterschiedliche Ursachen. Nun ist die Legasthenie, wie sie seitens der Weltgesundheitsorganisation als „Entwicklungsstörung des Lesens und Rechtschreibens" definiert ist, nicht durch psychische Gründe, „falsche" Erziehung oder mangelhaften Unterricht erklärt. Psychische Gesundheit des Kindes, familiäre Förderung, Hausaufgabenübungen und die Güte des Lese-Rechtschreibunterrichts beeinflussen das Ausmaß der Legasthenie, gelten aber nicht als ihre Ursache. Auch ist man davon abgekommen, von einem „Hirnschaden" oder einer „minimalen zerebalen Dysfunktion" zu sprechen, da man für das einzelne Kind keinen Nachweis dazu führen kann. Wenn ein Mensch kein „absolutes Gehör" hat (also nicht jeden gehörten Ton exakt durch bloßes Hören benennen oder erkennen kann), oder ein Fußballer nicht den Torinstinkt des Torschützenkönigs der Bundesliga hat, so sprechen wir diesen Menschen auch keinen „Hirnschaden" zu. Es gibt vielmehr Begabungen gerade deswegen, weil nicht jeder in allen menschlichen Fähigkeiten gleichermaßen begabt ist. Ein Begabungsprofil ist kein Hirnschadensprofil.

Die Legasthenie wird heute erklärt als ein isolierter Begabungsmangel für das Erlernen des Lesens und Rechtschreibens. Begabungen und Begabungsschwächen sind Ausdruck von Besonderheiten der Hirnfunktion. *Besonderheiten der Informationsverarbeitung, die abhängig sind von entwicklungsbiologischen Veranlagungen des zentralen Nervensystems sind als ausschlaggebend anzunehmen.* Aus solchem Verständnis heraus haben über hundert Jahre der Forschung in Medizin, Psychologie und Pädagogik verschiedene *Zusammenhänge zwischen Hirnfunktion und Legasthenie* aufzeigen können, die im folgenden kurz zusammengefasst sind.

Drei Erklärungsansätze bestimmen die wissenschaftlichen Untersuchungen. Die Legasthenie sei Ausdruck von Besonderheiten

- visueller Informationsverarbeitung
- sprachlicher Informationsverarbeitung
- der Übersetzungsvorgänge zwischen visuellen und sprachlichen Informationsvorgängen.

In allen Erklärungsansätzen spielen Fragen der *zeitlichen Informationsverarbeitung* (z. B. Verarbeitung rasch aufeinander folgender Reize) eine Rolle.

2.1 Besonderheiten der visuellen Informationsverarbeitung bei Legasthenie

2.1.1 Besonderheiten des Sehvermögens

Störungen der Sehfunktion des Auges sind sehr wahrscheinlich nur selten die Ursache, sondern fast immer Folgen der Legasthenie.

Die *Augenbewegungen* bei Personen mit Legasthenie sind während des Lesens im Vergleich zu normal lesenden Personen verändert: Die Person mit Legasthenie schaut länger auf einen Buchstaben (verlängerte Fixationszeiten), das Auge irrt oft an der Zeile entlang (Fixationen sind ungezielter), die Fixationen sind häufiger und auch öfter rückwärts gerichtet. Diese Veränderungen der Augenbewegungen sind sehr wahrscheinlich fast immer Folge der Lesestörung und nicht die Ursache; denn die gleichen Augenbewegungen finden sich bei jedem Menschen, wenn er sehr schwierige Texte liest.

Der Vergleich zwischen Schülern mit Legasthenie und ohne Legasthenie ergab keine signifikanten Unterschiede für die Funktionen: Augenstellung, Fusion (beidäugiger Sehakt), Stereoopsis (räumliches Sehen), Refraktion (Lichtbrechung), Akkommodation (Anpassung z. B. an die Entfernung eines Objektes), okuläre Dominanz und Augenbewegungen. Natürlich haben auch Schüler mit Legasthenie Sehstörungen (eine Übersicht geben Schäfer und Mühlendyck, 2000; siehe 7.3.4). So finden sich etwa bei 10 % der Schulkinder Schwierigkeiten, die Linse der Augen auf unterschiedlich weit entfernte Sehobjekte einzustellen, so dass z. B. Probleme beim Wechsel vom Lesen in der Nähe auf das Fernsehen, z. B. beim Abschreiben von der Tafel, bestehen können. Die Folge können Kopf- und Augenschmerzen sein. Die Fähigkeit, innerhalb einer Buchstabenfolge die einzelnen Buchstaben getrennt wahrzunehmen, erscheint bei manchen Personen mit Legasthenie beeinträchtigt (Trennschärfe beim Sehen von „Reihenoptotypen“). Ob die Befunde zur Trennschärfe und Augendominanz spezifisch sind, ist noch unklar. *In jedem Fall weisen die Befunde darauf hin, dass bei Personen mit Legasthenie immer auch eine sehr sorgfältige augenärztliche Untersuchung durchgeführt werden sollte* (zur Behandlung siehe Abschnitt 7.3.4).

2.1.2 Neurobiologische Befunde

Besonderheiten der visuellen Wahrnehmung sind möglich.

Von der Netzhaut des Auges werden beim Lesen die Buchstabenfolgen eines Wortes über Sehnerv und Sehkern schließlich in die Sehrinde des Gehirns geleitet. Es wurde geprüft, ob es gewebliche (anatomisch-histologische) und funktionelle Veränderungen auf dem Informationsweg vom Auge über den Sehstrang bis zur Sehrinde gibt. Die wichtigsten Ergebnisse lassen sich folgendermaßen zusammenfassen.

- *Hirnelektrisch* gemessen ist die Weiterleitung der gelesenen Buchstaben oder Worte von der Netzhaut in das Gehirn bei manchen Personen mit Legasthenie verlangsamt. Gibt man z. B. Kindern mit Legasthenie die Aufgabe, zu entscheiden, ob sich in einer Buchstabenfolge der Buchstabe „A" befindet (z. B. in „razt") oder nicht (z. B. in „orsx"), so gelingt die Entscheidung deutlich langsamer (und auch fehlerhafter) als bei gleich begabten Kindern ohne Lese-Rechtschreibstörung. Die Verlangsamung zeigt sich auch hirnelektrisch: Der durch die Unterscheidungsaufgabe ausgelöste elektrische Reiz (das sog. „visuell evozierte Potential") leitet sich langsamer fort. Diese hirnelektrische Verlangsamung wird noch deutlicher, wenn nicht nur eine Unterscheidungsaufgabe gegeben wird, sondern das Kind zusätzlich beantworten muss, ob in einer Buchstabenfolge (vorgegebenes Wort) ein Tiername enthalten ist oder nicht (z. B. Hase/Baum). Bei solchen Studien mit hirnelektrischen Verfahren (insbesondere EEG [Hirnstrombild], visuell-evozierte Potentiale) kommen Unterschiede zwischen Personen mit und ohne Legasthenie umso deutlicher zum Vorschein, je mehr die visuell vorgegebenen Aufgaben sprachlichen Charakters sind. Die hirnelektrischen Befunde finden sich in unterschiedlichen Hirnregionen, vor allem aber in der linken Hirnhälfte, die für die sprachliche und sprachlich-visuelle Informationsverarbeitung eine besonders wichtige Rolle spielt.
- Studien mit *bildgebenden Verfahren zu Stoffwechselvorgängen im Gehirn* (z. B. mit funktionellem Magnetresonanztomogramm, fMRT) während des Betrachtens sich bewegender Lichtpunkte führten zu der Annahme, dass Besonderheiten im Bereich der Sehrinde, die u. a. für die Bewegungswahrnehmung relevant ist, vorliegen (Veränderungen im magnozellulären visuellen Subsystem Region V5/MT in Area 19). Hierzu sind die Befunde noch widersprüchlich und die Ergebnisse vorläufig.
- *Histologische (zellgewebliche) Befunde* könnten in manchen Fällen eine Erklärung für die verlangsamte oder veränderte visuelle Wahrnehmung sein. Denn es fanden sich in dem Sehkern, von dem aus die Bilder der Netzhaut des Auges Punkt für Punkt in die Sehrinde weitergeleitet werden (lateraler Nucleus geniculatus im Thalamus) Besonderheiten der Zellstruktur (veränderte magno-zelluläre Struktur), die für das Bewegungssehen – und das lesende Auge ist immer in Bewegung – notwendig sind. Auch diese Befunde bedürfen weiterer wissenschaftlicher Prüfung.
- Die *Reaktionszeiten* auf Lichtblitze sind bei 10-jährigen Kindern mit Legasthenie wahrscheinlich verlangsamt. Sie sind bei Personen mit Legasthenie umso deutlicher verlangsamt, je mehr die visuell vorgegebenen Aufgaben, auf die möglichst rasch zu reagieren ist, mit Schriftsprache zu tun haben. Zahlreiche Studien zur visuellen Wahrnehmung lassen die Annahme zu, dass bei einem kleineren Teil der Personen mit Legasthenie Schwierigkeiten bestehen, Aufgaben zur Visuomotorik, zur Raum-Lage- oder Figur-Grund-Wahrnehmung zu lösen. Sie sind jedoch unspezifisch und es ist nicht klar, ob ihnen eine kausale Bedeutung für Lese-Rechtschreibstörungen zukommt.

2.2 Besonderheiten akustischer und sprachlicher Informationsverarbeitung

2.2.1 Die normalen „Stufen“ beim Lesenlernen

Man hat sehr genau beobachtet, wie in der Regel Kinder normalerweise Lesen und Rechtschreiben erlernen. Ohne Einsicht in das alphabetische Prinzip scheinen sich Kinder anfangs sehr stark an den visuellen Merkmalen eines Wortes zu orientieren (*logographisches Stadium:* Das „Wortbild“ wird „gelesen“ wie bei der Ganzwortmethode). Bei nachfolgendem *alphabetischen Stadium* nutzen die Kinder ihr erlerntes Wissen über die Zusammenhänge zwischen Laut und Buchstabenzeichen (Graphem-Phonem-Korrespondenz); sie haben gelernt, dass z. B. das Zeichen für „a“ dem Laut „a“ und dass das Zeichen für „t“ dem Laut „t“ entspricht. Mit diesem alphabetischen Wissen kann ein Wort Buchstabe für Buchstabe entschlüsselt werden (phonologisches Recodieren). Im *orthographischen Stadium* können Kinder die Buchstabenfolgen eines Wortes im Gedächtnis wiedererkennen und direkt abrufen, so dass ein rasches Lesen unter Nutzung des Gedächtnisses für bereits erlernte Worte möglich ist. Wahrscheinlich durchmischen sich die „Stufen“ von Anfang an; in jedem Fall sind die Fertigkeiten der einzelnen Stufen beim Lesen und Rechtschreiben unerlässlich. Fehlen diese Fertigkeiten, so ist mit Lese-Rechtschreibschwierigkeiten zu rechnen.

2.2.2 Sprachliche Besonderheiten bei Legasthenie

Störungen in der sprachlichen Entwicklung finden sich im Leben von Personen mit Legasthenie bei bis zu 80 %. Die Bedeutung der Sprache für eine Schriftsprachentwicklung ist daher sehr sorgfältig untersucht worden.

Die *Besonderheiten sprachlicher Informationsverarbeitung* zeigen sich in vielfacher Weise:

- Meistens sind sprachlich abhängige Intelligenztestwerte („Verbal-IQ“) niedriger als „sprachfrei“ gemessene Intelligenztestwerte (doch gibt es auch umgekehrte Verhältnisse!).
- Der Wortschatz ist geringer, die Grammatik wird weniger gut beherrscht.
- Die Gedächtnisleistungen bei sprachlichem Lernstoff sind geringer.
- Die Benennung von Buchstaben, Worten, aber auch von Farben, Gegenständen oder Zahlen ist verlangsamt (Schwäche im „phonologischen Recodieren“).
- Die Schwächen in der „phonologischen Bewusstheit“ sind regelhaft.

Der Begriff *„phonologische Bewusstheit“* ist besonders wichtig geworden. Gemeint ist die Fähigkeit, Wörter, Silben, Reime in der gesprochenen Sprache zu erkennen und mit Lauten (Phonemen) umzugehen. Bei Kindern mit Lese-Rechtschreibstörung finden sich häufig und anhaltend Schwächen in der phonologischen Bewusstheit. Es handelt sich hierbei um ein spezifisches Defizit. Die Kinder haben im Vorschulalter Schwierigkeiten bei folgenden Aufgaben:

Silbentrennen	Wie klatscht man bei dem Wort „Kindergarten"?
Silbenzählen	Wie oft kann man zu dem Wort „Limonade" klatschen?
Reime erkennen	Reimen sich „Maus" und „Haus"?
Reime produzieren	Was hört sich an – klingt wie – „Brot"?
Lautkategorisierung	Welches Wort klingt am Ende anders als die anderen: „Saum" – „Baum" – „laut" – „Raum"?
Phonemsynthese	Was bedeutet „ei – s"? Rate!
Phonemanalyse	Welche Laute hört man in dem Wort „Uhr"?

Es konnte gezeigt werden, dass die Förderung der phonologischen Bewusstheit im Kindergarten einer normalen Lese-Rechtschreibentwicklung im Grund- und Schulalter zugute kommt (siehe Abschnitt 7.3.1 und 8).

2.2.3 Neurobiologische Befunde

Zu der akustischen und sprachlichen Informationsverarbeitung wurden hirnelektrische Stoffwechselreaktionen und neuropsychologische Reaktionszeiten gemessen. Mit folgenden Ergebnissen:

- Bei Personen mit Legasthenie kann es vorkommen, dass sie Schwierigkeiten haben oder darin verlangsamt sind, die zeitliche Aufeinanderfolge von zwei Tönen wahrzunehmen. Während dies für einfache Töne noch umstritten ist, scheint es relativ gesichert, dass viele Personen mit Lese-Rechtschreibstörung *sprachliche Laute akustisch nicht so rasch und fehlerlos unterscheiden können* wie Personen ohne Schriftsprachstörung.
- Bei bildgebenden Verfahren, mit denen sich der Blutfluss oder Stoffwechselaktivitäten im Gehirn bei kognitiven (gedanklichen) Vorgängen beobachten lassen (z. B. mit dem Protonenemmissionstomogramm PET, der funktionellen Magnetresonanztomographie fMRT) ergaben sich Hinweise, dass z. B. bei Reimaufgaben die *Anregung von Hirnregionen, die ganz spezifisch für die sprachliche Informationsverarbeitung wichtig sind, bei Personen mit Legasthenie anders* ist als bei Personen ohne Legasthenie.
- *Anatomische und histologische Veränderungen* fanden sich bei Personengruppen mit Lese- und Rechtschreibstörungen häufiger als bei Personengruppen mit normaler Schriftsprachentwicklung. Die Veränderungen von Symmetrien oder von Zellstrukturen zeigten sich in Kernen der Hörbahn und in Hirnregionen vor allem der linken Hirnhälfte, die für die Verarbeitung von

akustischen, sprachlichen und sprachlich-visuellen Informationen wichtig sind (z. B. dem sog. Planum temporale, dem Nucleus geniculatus mediale; dem Gyrus angularis und supramarginalis, Area 39; vgl. Abbildung 6). Diese Befunde sind nicht einheitlich und nicht widerspruchsfrei und bedürfen teilweise einer Bestätigung. Eine Diagnose lässt sich über „biologische" Messungen bisher nicht stellen – wenn dies überhaupt je möglich sein wird.

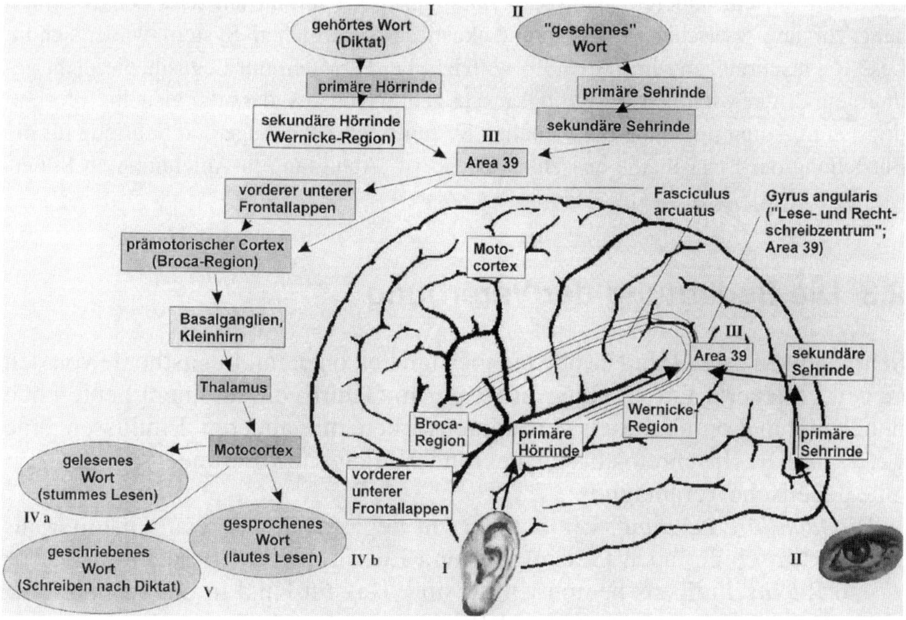

Abbildung 6:
Modell zur Informationsverarbeitung beim Lesen oder Schreiben eines Wortes. Beim *Lesen* wird die Verbindung des über das Auge und die Sehrinde visuell wahrgenommenen Wortes (II) mit dem über das Ohr und die Hörrinde wahrgenommenen Wort (I), das im „sprachlichen Speicher" des Gehirns „gespeichert" ist, durch einen Übersetzungsvorgang im Bereich des „Lese- und Rechtschreibzentrums" (Area 39, Gyrus angularis, III) in Verbindung gebracht; aus der visuellen Wahrnehmung des gelesenen Wortes kann somit etwas lautsprachlich – nämlich durch lautes verbales Lesen – wiedergegeben werden (IV b). Dieses Vermögen hat von allen Lebewesen nur das menschliche Gehirn. Das laute Lesen vollzieht sich über die Einschaltung verschiedener Hirnregionen letztendlich über den Motocortex.

Analog sind die Verarbeitungsprozesse beim *Schreiben nach Diktat*. Auch beim Diktat (I) muss das diktierte Wort aus dem „sprachlichen Lexikon im Gehirn" ins Bewusstsein gebracht werden (V). Dies ist beim *Abschreiben* nicht erforderlich, da hierbei allein das graphische Bild des Wortes mit dem visuellen System ohne Transformation in ein sprachliches System einfach abgezeichnet werden kann; so haben Kinder mit Legasthenie meistens keine Schwierigkeiten beim Abschreiben (z. B. dann, wenn sie etwa beim Abschreiben von der Schultafel sich nach Blick auf die Tafel das „Wortbild" beim Einschreiben in das Heft nicht merken können).

Grundsätzlich kann eine Lese-Rechtschreibstörung durch Besonderheiten von anatomisch-histologischen Strukturen, Besonderheiten des Stoffwechselsystems oder Besonderheiten des elektrischen Systems des Gehirns auf allen Stationen, den ein Lese-Rechtschreibvorgang im Gehirn durchläuft, verursacht sein. Ein wichtiger Erklärungsansatz geht davon aus, dass die Informationsverarbeitungsprozesse zwischen den verschiedenen sprachlichen Regionen (z. B. Wernicke-Region und Broca-Region) bei Personen mit Legasthenie in einer Weise verändert sind, dass schriftsprachliches Lernen erschwert ist; ein anderer wichtiger Erklärungsansatz nimmt an, dass der „Übersetzungsvorgang" zwischen visuellem und akustisch-sprachlichem System, wie er sich im Lese-Rechtschreibzentrum (Area 39) vollzieht bei Personen mit Legasthenie nicht gelingt; ein dritter wichtiger Erklärungsansatz geht davon aus, dass die visuelle Informationsverarbeitung innerhalb des visuellen Systems zwischen Auge und Sehrinde für die Entstehung der Legasthenie ausschlaggebend ist (Abbildung in Anlehnung an Silbernagl & Lang 1998, S. 345).

2.3 Die Bedeutung der Vererbung

Sehr wahrscheinlich sind es bei den meisten Personen mit Legasthenie von den Genen gesteuerte Entwicklungsprozesse im Gehirn, die in einem heute noch unbekannten komplizierten Zusammenwirken mit anderen Einflüssen eine Lese- und Rechtschreibstörung begründen. Folgende Befunde sprechen für eine genetische Veranlagung:

- *Die familiäre Häufung:* Ein Schüler mit Legasthenie hat relativ häufiger als seine Mitschüler auch Geschwister und Eltern, die im Erlernen des Lesens und Rechtschreibens beeinträchtigt sind. Hat ein Kind in der Familie eine Legasthenie, so haben etwa 40 Prozent der Geschwister und auch etwa 40 Prozent der Eltern Schwierigkeiten im Erlernen von Lesen und Rechtschreiben.
- *Zwillingsstudien:* Eineiige Zwillinge haben häufiger gemeinsam eine Legasthenie (eine höhere Konkordanz) als zweieiige Zwillinge. In einzelnen Studien lagen die Übereinstimmungen (Konkordanzraten) von eineiigen Zwillingen bei 100 %.
- *Molekulargenetische Befunde:* Auf den Chromosomen 1, 2, 6 und 15 liegen Gene, die offenbar für die Entwicklung von Hirnfunktionen, die der Mensch beim Erlernen von Lesen und Rechtschreiben benötigt, ausschlaggebend sind. Die vorläufigen Hinweise sprechen dafür, dass auf Chromosom 6 Hirnfunktionen veranlagt sind, die für das lautsprachliche Lernen benötigt werden, während auf Chromosom 15 schriftsprachrelevante Fertigkeiten, die auch visuelle Informationsverarbeitung einschließen, codiert sind. Dies sind noch sehr vorläufige Ergebnisse und die Befunde sind nicht völlig eindeutig. Sicherlich spielen viele Gene eine Rolle. Wie sich eine genetische Veranlagung in einer Lese-Rechtschreibstörung auswirkt, ist ein Rätsel, von dem noch nicht sicher ist, dass es gelöst werden kann.

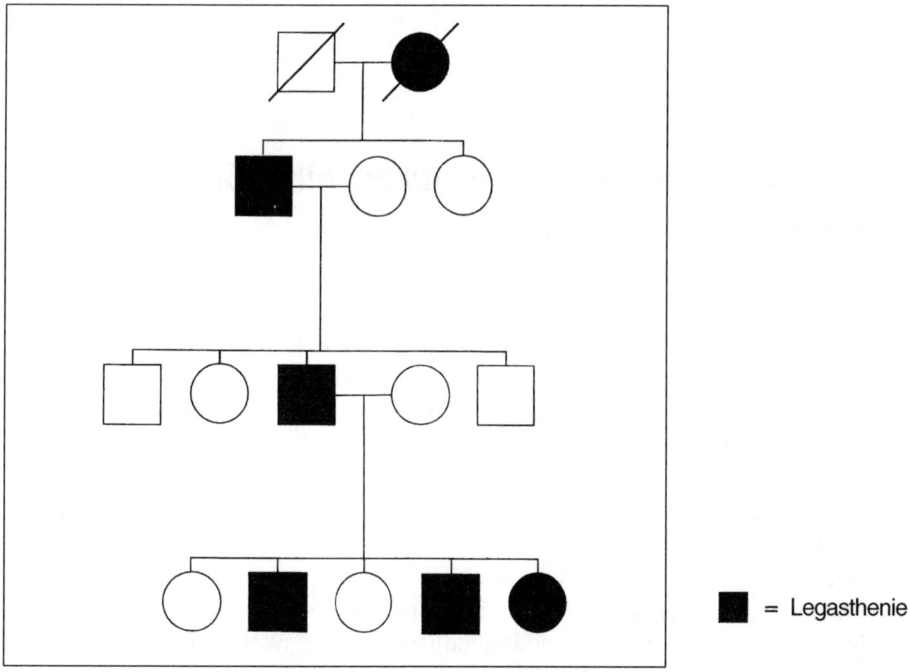

Abbildung 7:
Das Auftreten von Familienmitgliedern mit Legasthenie über vier Generationen. Ein solcher Stammbaum spricht für einen autosomal dominanten Erbgang (nach Grimm, Noethen, Schulte-Körne 1998).

3 Wie wird die Lese-Rechtschreibstörung festgestellt (Diagnose)?

Das Versagen im Erlernen des Lesens und der Rechtschreibung besagt noch nicht, dass eine umschriebene Lese-Rechtschreibstörung im Sinne einer umschriebenen Entwicklungsstörung (Legasthenie) vorliegt. Hierzu bedarf es einer systematischen Untersuchung, die zunächst von den Eltern einige Erkundungsarbeit („Welche Fachkraft kann mir sagen, ob eine Legasthenie vorliegt oder nicht?“), von Kind, Eltern und Lehrer Mitwirkung in der Diagnostik und somit einige Zeit, Mühe und Geduld erfordert.

Die diagnostischen Schritte, wie sie in diesem Abschnitt dargestellt werden, entsprechen den Anforderungen, wie sie heute nach internationalem Standard in der Medizin, insbesondere Kinder- und Jugendpsychiatrie, Psychologie und auch Pädagogik vorausgesetzt werden. *Das Vorgehen orientiert sich dabei an dem sog. „multiaxialen Diagnoseschema“ (Remschmidt, Schmidt, Poustka 2001).* Die Diagnostik nach dem multiaxialen Klassifikationsschema ist heute bundesweit zu einem Standard für gutachterliche Stellungnahmen geworden und genügt in der Regel den Anforderungen für gutachterliche Stellungnahmen zur Vorlage in der Schule. In Bayern ist die multiaxiale Diagnostik Voraussetzung dafür, dass die Bestimmungen des Legasthenieerlasses für den einzelnen Schüler in Kraft treten können. Die multiaxiale Diagnostik ist auch in verschiedenen Bundesländern und vielleicht inzwischen auch bundesweit Voraussetzung für Gutachten geworden, die den Anträgen zur Eingliederungshilfe nach § 35 a SGB VIII (IX) (Kinder- und Jugendhilfegesetz) dem zuständigen Jugendamt beizufügen sind. Vorrangig wichtig ist allerdings, dass mit der Gewährleistung dieser „multiaxialen Diagnostik“ eine bestmögliche umfassende Untersuchung des Kindes mit Lese-Rechtschreibstörung erfolgt.

Die multiaxiale Diagnostik stellt sicher, dass nicht nur die Lese-Rechtschreibstörung des Kindes einer fachmännischen Untersuchung zugeführt wird, sondern das gesamte Kind im Zusammenhang mit seinem Lebensumfeld, seinen seelischen und körperlichen Voraussetzungen zum schulischen Lernen, seinen spezifischen Fertigkeiten (Teilleistungsfertigkeiten), seiner Begabung und seinem psychosozialen Lebensumfeld Verständnis findet. Denn Zweck der aufwendigen Diagnostik ist es nicht allein, qualifiziert festzustellen, ob eine Legasthenie vorliegt oder nicht, sondern es sollen mit ihr auch entscheidende Hinweise für die Hilfestellung gewonnen werden.

3.1 Die Kriterien für die Diagnose „Lese- und Rechtschreibstörung“ – die „multiaxiale Diagnostik“

International hat man sich darüber verständigt, von einer Lese- und Rechtschreibstörung dann zu sprechen, wenn folgende Merkmale vorliegen:

- Die mit individuell durchgeführten, standardisierten Tests für Lesegenauigkeit, Lesetempo, Leseverständnis und/oder Rechtschreibfertigkeit gemessenen Leistungen liegen wesentlich unter denen, die aufgrund des Alters, der gemessenen Intelligenz und der altersgemäßen Bildung einer Person zu erwarten wären.
- Die Lese- und Rechtschreibstörung behindert deutlich die schulischen Leistungen oder Aktivitäten des täglichen Lebens, bei denen Lese- und Rechtschreibleistungen benötigt werden.
- Die Lese-Rechtschreibstörung erklärt sich nicht durch eine andere erstrangige psychische Erkrankung oder andere neurologische Erkrankung oder Behinderung wie z. B. eine motorische Behinderung (Zerebralparese), Hör- oder Sehbeeinträchtigung, Epilepsie oder durch eine erworbene Hirnerkrankung, die zum Verlust der bereits erlernten Lese-Rechtschreibfertigkeit geführt hat.

Die multiaxiale Diagnostik beinhaltet:

Achse I:
Klinisch-psychiatrisches Syndrom. Es geht um die Feststellung, ob das Kind an einer seelischen Erkrankung leidet. Im Zusammenhang mit der Legasthenie ist insbesondere die Frage wichtig, ob ein Hyperkinetisches Syndrom, Schulangst und körperliche Beschwerden als Ausdruck der Schulangst (Kopfschmerzen, Bauchschmerzen, Übelkeit, Erbrechen), depressive Entwicklungen (Motivationsverlust, sozialer Rückzug, Interessensverlust, Schlafstörungen, suizidale Äußerungen) oder Störungen im Sozialverhalten (Schuleschwänzen, massive Störungen des schulischen Unterrichts, Unwahrheit sagen, Stehlen, körperverletzende Aggressivität) vorliegen.

Achse II:
Umschriebene Entwicklungsstörungen. Zu untersuchen sind die Entwicklung des Kindes in seiner Motorik, seiner Sprache und beim Erlernen von Lesen, Schreiben und Rechnen. Liegen in diesen Bereichen Störungen vor?

Achse III:
Intelligenzniveau. Die testdiagnostische Überprüfung der Intelligenzentwicklung.

Achse IV:
Körperliche Symptomatik. Zu überprüfen ist die körperliche und neurologische Entwicklung des Kindes. Hat das Kind eine organische Erkrankung oder Behinderung?

Achse V:
Aktuelle abnorme psychosoziale Umstände. Es gilt festzustellen, in welchem Lebensumfeld das Kind aufwächst, insbesondere in welchen familiären und schulischen Gegebenheiten das Kind lebt. Hat das Kind eine ausreichende Lebensunterstützung?

Achse VI:
Der Grad der *„psychosozialen Anpassung"*, die Einschätzung des Schweregrades, in dem das Kind durch die Störung beeinträchtigt ist. Liegt eine Störung von Krankheitswert vor?

Die notwendigen Schritte einer solchen multiaxialen Diagnostik werden im Folgenden beschrieben.

3.2 Die Entwicklungsgeschichte: Anamnese und Exploration

Die lebensgeschichtlichen Angaben (Anamnese) und die spezifische Information zur Entwicklung und aktuellen Leistung im Lesen und Rechtschreiben (Exploration) sollten mit dem betroffenen Kind, seinen Eltern und dem verantwortlichen Lehrer (meist Deutschlehrer) und – wenn er bereits in die Frage einbezogen ist – dem Schulpsychologen erfragt werden. Dabei ist streng darauf zu achten, dass für die Rücksprache mit Lehrer und Schulpsychologen die Einwilligung von Kind und Eltern vorliegen.

Feststellung der Symptomatik

Zu erfragen und zu prüfen sind:
- Die *Schulnoten* im Diktat, bei Abschriften und Aufsätzen und die Diskrepanz zwischen Noten im Deutschen – insbesondere im Lesen und Rechtschreiben – zu Noten in anderen Schulfächern. In den ersten Grundschuljahren (spätestens in der 3. und 4. Klasse) kann es bei schwerer Lese-Rechtschreibstörung bereits zu generalisierten schulischen Lern-Leistungsschwierigkeiten kommen, so dass auch in anderen Schulfächern schlechte Noten aufkommen und sich die umschriebene Lese-Rechtschreibstörung nicht mehr in einer Notendiskrepanz ausdrückt. Daher sind die Befragung zu den Diskrepanzen in den ersten Grundschuljahren und die Intelligenzdiagnostik so sehr wichtig.

Die mündlichen Leistungen sind in der Regel wesentlich besser als die schriftlichen.
- Die *Art und Häufigkeit der Fehler* beim Lesen und Rechtschreiben. Dazu hilfreich ist die Einsicht in die Schulhefte und Schulzeugnisse.

Feststellung der Entwicklungsgeschichte

Zu ermitteln sind:
- Die vorschulische Entwicklung der *Sprache*, der *Motorik*, der visuo-motorischen Koordination, *Aufmerksamkeit* und Impulsivität (gab es Anzeichen für eine Sprachentwicklungsstörung, motorische Entwicklungsstörung oder ein Hyperkinetisches Syndrom?).
- Art, Qualität und Regelmäßigkeit der *schulischen Unterrichtung* im Lesen und Rechtschreiben.
- Häufigkeit von Klassen-, Schul- und *Lehrerwechsel.*
- Verlauf der schulischen *Lern-Leistungsmotivation.* Kennzeichnend ist, dass nach anfänglich guter Lerneinstellung des Kindes sich Resignation, Lernunwillen und schulische Versagensängste infolge des chronischen Lese-Rechtschreibversagens herausbildeten.
- Dauer der *Hausaufgaben* und erzieherische Umstände bei den Hausaufgaben. Kann das Kind die Hausaufgaben angemessen selbstständig erledigen? Regelhaft machen Schüler mit Lese-Rechtschreibschwierigkeiten bereits im Grundschulalter deutlich länger Hausaufgaben als ihre Mitschüler und oft kommt es zu erzieherischen Konflikten, Streit und Tränen bei den Hausaufgaben.
- *Zeugnisbeurteilungen* der 1. und 2. Grundschulklasse. Aus ihnen geht sehr oft deutlich hervor, dass Diskrepanzen zwischen beeinträchtigten Lese- und Rechtschreibleistungen und anderen schulischen Fächern bestehen (nochmals jedoch: In der 3. und 4. Klasse können sich diese Diskrepanzen aufgrund einer Generalisierung des Lern-Leistungsversagens verwischen).
- Bisherige *schulische Fördermaßnahmen* zum Lesen und Rechtschreiben.
- Bisherige *außerschulische Therapien* zum Lesen und Rechtschreiben und auch zu anderen möglichen Beeinträchtigungen des Kindes.
- Bisherige spezifische *diagnostische Maßnahmen* zur Lese- und Rechtschreibentwicklung und allgemeinen gesundheitlichen Entwicklung, insbesondere Überprüfung des Hörvermögens und des Sehvermögens.
- *Schweigepflichtsentbindung.* Sie ist notwendig, wenn außerfamiliäre Bezugspersonen, Lehrer und Schulpsychologen befragt werden sollen.

Feststellung von psychischen Begleitstörungen

- *Schulangstsymptome, Schulverweigerungstendenzen, körperliche Beschwerden* im Zusammenhang mit schulischen Anforderungen: Kopf- und Bauchschmerzen, Übelkeitsgefühl und Erbrechen in der Schulzeit und im Zusammenhang mit den Hausaufgaben. Die Beschwerden verschwinden regelhaft in den Schulferien und kommen am Ende der Ferienzeit wieder auf, sie schwächen sich mit Beginn des Wochenendes ab und treten am Sonntagabend oder am Montagmorgen, wenn die schulischen Anforderungen wieder ins Bewusstsein treten, neu und verstärkt auf.

- *Aktivitäts- und Aufmerksamkeitsstörungen.* Liegen die Kriterien für ein Hyperkinetisches Syndrom vor: Extreme motorische Unruhe vom frühen Kindesalter an, Aufmerksamkeitsstörungen, Impulsivität und leichte Erregbarkeit?
- *Störungen im Sozialverhalten.* Zeigen sich Aggressivität, Kontaktstörungen, dissoziale Verhaltensauffälligkeiten wie Unwahrheit sagen, Wegnehmen, Schuleschwänzen?
- *Entwicklungsstörungen* der motorischen Funktionen, des Sprechens und der Sprache oder des Rechnens.
- *Depressive Entwicklungen*: Lernunlust, Schlafstörungen, Appetitstörungen, Traurigkeit; Äußerungen, nicht mehr leben zu wollen; Einnässen, wechselnde körperliche Beschwerden, sozialer Rückzug, Verlust von Spielfreude.

Bei einem Teil der Kinder mit Legasthenie waren solche Begleitschwierigkeiten bereits vorschulisch beobachtbar. Viele der betroffenen Schüler äußern jedoch die psychischen Symptome (Schulangst, körperliche Beschwerden, ängstlich-depressive Anpassungsstörungen, Störungen des Sozialverhaltens) erst im Verlauf der ersten Grundschuljahre im Zusammenhang mit den chronischen schulischen Misserfolgserlebnissen. Emotionale Probleme (Depression, Angst) sind häufiger während der frühen Schulzeit, Störungen des Sozialverhaltens eher im Jugendalter festzustellen.

Feststellung von Begleitumständen

- *Familienanamnese:* Erklärungsrelevant ist die Frage, ob bei Eltern, Geschwistern, Onkel, Tanten und Großeltern des betroffenen Kindes Sprachschwierigkeiten und Lese-Rechtschreibschwierigkeiten vorgelegen haben.
- *Familiäre Situation:* Erhält das Kind Unterstützung in der Hausaufgabensituation, gibt es in der Hausaufgabensituation chronisch-erzieherische Schwierigkeiten? Hat das Kind Interessen und Begabungen, die seine Persönlichkeitsentwicklung stützen?
- *Familiäre Ressourcen:* Welche Formen der Unterstützung sind seitens der Familie möglich? Lässt sich eine ambulante Legasthenietherapie in den Familienalltag einplanen?
- *Schulische Situation:* Teilt der Deutschlehrer die Auffassung, dass eine Legasthenie vorliegt? Gibt es einen schulischen Nachteilsausgleich, Förderkurse und spezifische Unterrichtshilfen? Wird das Kind wegen der Lese-Rechtschreibmängel in der Schule bloßgestellt und gehänselt?
- *Außerschulische Ressourcen:* Gibt es im familiären Umfeld Möglichkeiten der Hausaufgabenhilfe, der außerschulischen Legasthenietherapie? Gibt es Kontakte zu Orts- oder Landesverband Legasthenie (Selbsthilfegruppen)?

- *Zielsetzungen:* Welche schulischen und beruflichen Absichten haben Kind und Eltern?

Diese Begleitumstände haben große Bedeutung für die geistigen und emotionalen Entwicklungschancen eines jeden Kindes.

3.3 Überprüfung der Begabungsvoraussetzungen: das Intelligenzniveau (Achse III)

Eine Einschätzung der Intelligenzentwicklung ist notwendig. Nach den Richtlinien der Weltgesundheitsorganisation (ICD-10) soll der Intelligenzquotient (IQ) nicht kleiner 70 sein (IQ > 70). Das Intelligenzniveau soll auch deutlich höher sein als das Lese- oder Rechtschreibniveau, wenn eine Legasthenie diagnostiziert wird. Daher kommt der Wahl des Intelligenztests zur Feststellung der Diagnose große Bedeutung zu.

Erreicht ein Schüler bis zum jeweiligen Untersuchungszeitpunkt in denjenigen Fächern, die relativ wenig von der Lese-Rechtschreibleistung abhängig sind, gute bis überdurchschnittliche Leistungen, so mag es im Einzelfall genügen, mit dem Kind einen sprachfreien Intelligenztest durchzuführen, der eine grobe Einschätzung der intellektuellen Voraussetzungen des Kindes zulässt. In Frage kommen folgende sprachfreie Testverfahren:

- Grundintelligenztest (CFT 1, CFT 20)
- Progressive Matrizentests nach Raven (SPM, APM).

Ein ausführliches sprachfreies Intelligenzmessverfahren ist der

- Snijders-Oomen nichtverbaler Intelligenztest in der revidierten Form (SON-R 2 1/2–7 Jahre, 5 1/2–17 Jahre).

Die sprachfreien Verfahren sind angezeigt, wenn eine Beeinträchtigung der Sprachentwicklung vorliegt.

Die ausführlichen Testbatterien sind bei problematischem Schulleistungsverlauf und bei in sprachfreien Verfahren ermittelten sog. Grenzbegabungen (IQ im Lernbehindertenbereich: IQ = 70–85) die Verfahren der ersten Wahl. Sie ermöglichen eine genauere Einschätzung der intellektuellen Leistungsfähigkeit des Kindes. Therapeutische Empfehlungen für das Kind lassen sich aus dem Testergebnis ableiten. Sie sind darüber hinaus für eine Schullaufbahnberatung brauchbar. Die ausführliche Intelligenztestung ist immer dann zu empfehlen, wenn die Diagnostik als Grundlage für eine gutachterliche Stellungnahme zu schulischem Nachteilsausgleich, Eingliederungshilfe oder sozialrechtlichen Gerichtsverfahren qualifiziert sein soll.

Folgende Verfahren stehen zur Verfügung:

- Hamburg-Wechsler Intelligenztest für Kinder in der 3. Fassung (HAWIK-III)
- Hamburg-Wechsler Intelligenztest für Erwachsene (HAWIE-R)
- Adaptives Intelligenzdiagnostikum (AID 2)
- Intelligenzstrukturtest (IST 2000)
- Kaufman-Assessment Battery for Children (K-ABC)

3.4 Überprüfung der Rechtschreibfertigkeit (Achse II)

Die objektive Erfassung der Rechtschreibleistung (vgl. Tabelle 1) erfolgt allgemein in Form von Lückentextdiktaten. Diese liegen als Papier- und Bleistifttest in der Regel in zwei Parallelformen vor. Anwendbar sind diese Tests als Gruppen- oder Einzeltests. Die Durchführungsbestimmungen sind durch wörtliche Instruktionen standardisiert.

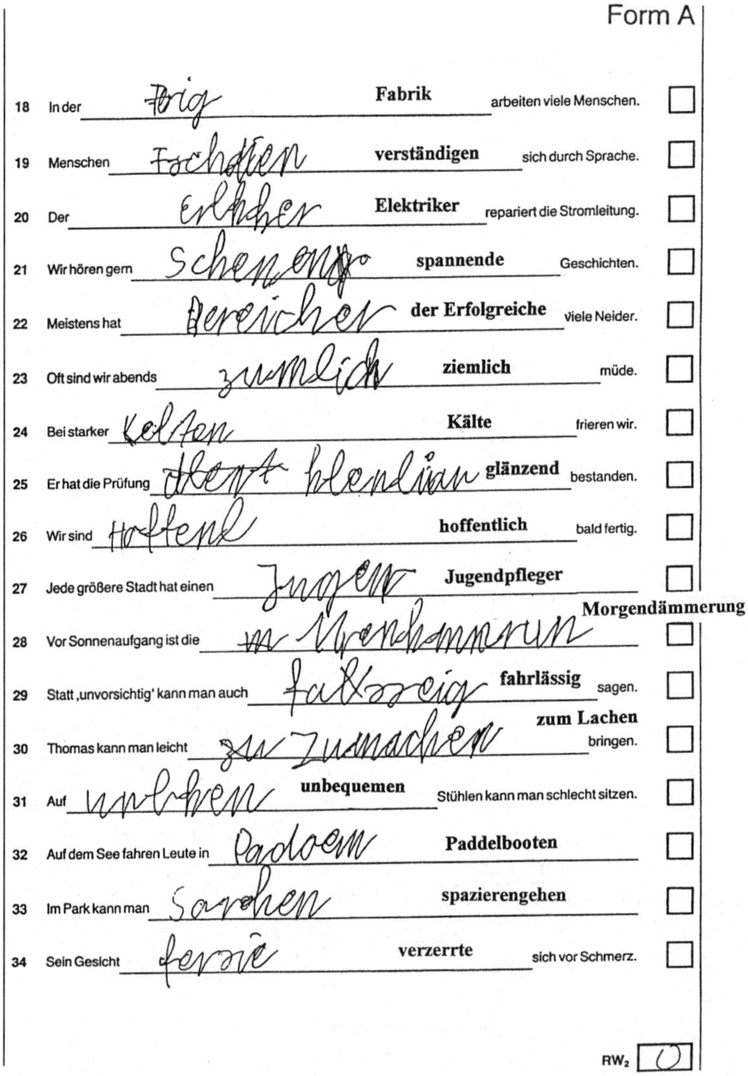
Form A

18 In der ___ **Fabrik** arbeiten viele Menschen.
19 Menschen ___ **verständigen** sich durch Sprache.
20 Der ___ **Elektriker** repariert die Stromleitung.
21 Wir hören gern ___ **spannende** Geschichten.
22 Meistens hat ___ **der Erfolgreiche** viele Neider.
23 Oft sind wir abends ___ **ziemlich** müde.
24 Bei starker ___ **Kälte** frieren wir.
25 Er hat die Prüfung ___ **glänzend** bestanden.
26 Wir sind ___ **hoffentlich** bald fertig.
27 Jede größere Stadt hat einen ___ **Jugendpfleger**
28 Vor Sonnenaufgang ist die ___ **Morgendämmerung**
29 Statt ‚unvorsichtig' kann man auch ___ **fahrlässig** sagen.
30 Thomas kann man leicht ___ **zum Lachen** bringen.
31 Auf ___ **unbequemen** Stühlen kann man schlecht sitzen.
32 Auf dem See fahren Leute in ___ **Paddelbooten**
33 Im Park kann man ___ **spazierengehen**
34 Sein Gesicht ___ **verzerrte** sich vor Schmerz.

RW_2

Abbildung 8:
Schriftprobe eines gymnasialbegabten Jungen mit Legasthenie in einem standardisierten Rechtschreibtest (WRT 4/5), der in Form eines Lückentextes vorliegt.

Tabelle 1:
Standardisierte Rechtschreibtests (nach Hemminger et al. 2000, S. 190–192)

Test-verfahren	Klassen-stufe	theoretischer Hintergrund	Dauer	Reliabilität/ Validität	Normierung
BISC	Vorschule	Erfassung der spezifischen Schriftsprachvoraussetzungen und Überprüfung schriftspezifischer Fördermaßnahmen: Phonologische Bewusstheit, schneller Abruf aus dem Langzeitgedächtnis, phonetisches Rekodieren im Kurzzeitgedächtnis, visuelle Aufmerksamkeitssteuerung	abh. vom Fertig-keiten-stand des Kindes ca. 20–30 min	Sehr gute prognostische Validität	Eichung an 1 120 Vorschulkindern 10 und vier Monate vor Einschulung
DRT 1	Ende 1. Klasse bis Anfang 2. Klasse	Messung der Rechtschreibleistung/ Identifizierung von Fehlerschwerpunkten, Früherfassung von Schriftsprach-störungen. Quantitative u. qualitative Auswertung bezügl. phonetischer Fehler u. Speicher-fehler. Differenzierung v. a. im schwä-cheren Bereich	30–45 min	Hohe Retest-Reliabilität, gute Validität, Übereinstimmung mit Lehrerurteil	Eichung 1994 an 1 488 Schülern, quantitative und qualitative Individual- u. Klassennormen, PR (Prozentrang), PR-Band
WRT 1+	Ende der 1. Klasse bis Mitte der 2. Klasse	Prüfung d. Grundwortschatzes zur Erfassung individueller, gruppen- und klassenspezifischer Lernfortschritte. weniger gute Differenzierung im unteren Leistungsbereich Ende d. 1. Klasse und Anfang der 2. Klasse	40 min	Sehr gute Reliabiliät, befriedigende Retest-Reliabilität (hohe Schwankungen der Rechtschreib-leistung auf dieser Klassenstufe), inhaltlich-logische Gültigkeit	Eichung 1995 an 4 364 Schü-lern aus 15 Bundesländern, testzeitpunktabhängige Gruppen und Einzelnormen für Schüler mit deutscher und anderer Muttersprache: Ende d. 1.Kl. (30.–40. Unterrichtswoche) Anf. d. 2. Kl. (2.–14. UW) Mitte d. 2. Kl. (15.–27. UW) PR, PR-Band, T-Wert, T-Wert-Band, Noten
TGR 1/2	über 2. Schuljahr hinweg	Früherkennung von Rechtschreibschwierigkeiten	45 min	inhaltlich-logische Gültigkeit	nicht repräsentativ PR, T-Werte
DRT 2	Ende 2.Klasse, bis Anfang 3.Klasse	Quantitative Erfassung der Rechtschreibleistung sowie qualitative Auswertung durch Fehleranalyse (Wahrnehmungs-, Merk- u. Regelfehler) zur Erfassung der Fehlerschwerpunkte als Grundlage eines gezielten Rechtschreibtrainings	25–35 min	sehr hohe Reliabilität, inhaltliche Validität gegeben	Eichung 1995 an 2 313 Schülern, quantitative und qualitative Individual- und Klassennormen für Schüler mit deutscher u. anderer Muttersprache PR, PR-Band
WRT 2+	Ende 2. Klasse bis Mitte 3. Klasse	Prüfung des Grundwortschatzes zur Erfassung individueller, gruppen- u. klassenspezifischer Lernfortschritte; zur Entscheidungsfindung über Fördermaßnahmen und Einschulung nicht deutschsprachiger Kinder	max. 45 min	Gute Retest- u. Paralleltest-Reliabilität, hohe inhaltlich-logische Gültigkeit (Diktatnoten)	Eichung 1992 an 4 948 Schülern, gesamtdeutsche Normen für Schüler mit deutscher u. anderer Muttersprache: Ende 2. Kl. (30.–40. UW) Anf. 3. Kl. (2.–6. UW) Mitte 3. Kl. (7.–20. UW) PR, PR-Band, T-Wert, T-Wert-Band, Noten

Tabelle 1:
Standardisierte Rechtschreibtests (Fortsetzung)

Test-verfahren	Klassen-stufe	theoretischer Hintergrund	Dauer	Reliabilität/ Validität	Normierung
DRT 3	Ende 3. Klasse bis Anfang 4. Klasse	Quantitative Erfassung d. Rechtschreibleistung, qualitative Auswertung durch Fehleranalyse zur Erfassung der Fehlerschwerpunkte zum gezielten Rechtschreibtraining	25–35 min	Sehr hohe Reliabilität und Validität	Eichung 1995 an 2234 Schülern, qualitative und quantitative Normierung für Schüler mit deutscher u. anderer Muttersprache. PR, PR-Band
WRT 3+	Ende 3. Klasse bis Anfang 4. Klasse	Überprüfung des Grundwortschatzes; Erfassung individueller oder klassenspezifischer Rechtschreibschwierigkeiten; Notwendigkeit und Wirksamkeit besonderer Rechtschreibfördermaßnahmen	Langform: ca. 45 min Kurzform: 15–20 min	Für die Langform: Gute Paralleltest-reliabilität, für Kurz- und Langform: gute Validität	Eichung 1990–91 an 3832 Schülern, gesamtdeutsche Normen für Schüler mit deutscher u. anderer Muttersprache: Ende 3.Kl. (30.–40. UW), Anf. 4.Kl. (2.–12. UW) PR, PR-Band, T-Wert, T-Wert-Band, Noten
DRT 4	Oktober bis Januar 4. Klasse	Objektive Messung d. Rechtschreibleistung i. S. der Erfassung des orthographisch grundlegenden Wortschatzes und der Befolgung basaler Rechtschreibregeln; Planung eines gezielten Förderunterrichts anhand einer differenzierten Fehleranalyse (Fehleranalysebogen liegt bei) möglich; gute Differenzierung v. a. im unteren Leistungsniveau	30 min	Hohe Parallel-testreliabilität, sehr hohe Gültigkeit	Eichung 1992 an 2148 Schülern, quantitative u. qualitative Klassen und Individualnormen für Schüler mit deutscher u. anderer Muttersprache sowie für den Ausprägungsgrad einzelner Fehlerschwerpunkte; PR-Band, mittlerer T-Wert, T-Wert-Band
SLRT	1. bis 4. Klasse	Differenzierte Diagnose der Schwächen beim Erlernen der Rechtschreibung; Unterscheidung von lautorientiertem und orthographischem Schreiben; Einzusetzen v. a. bei Kindern, die bereits auffällige Rechtschreibleistungen zeigen; gute Differenzierung im unteren Leistungsbereich	20–30 min	Hohe Paralleltest-Reliabilität, inhaltlich-logische Validität	Eichung 1994–97 an 2800 österreichischen Kindern; PR
GRT 4+	Ende der 4. Klasse bis Ende der 5. Klasse	Überprüfung des Grundwortschatzes der 4. Klasse. Erfassung individueller Rechtschreibschwierigkeiten/ Notwendigkeit und Wirksamkeit besonderer Rechtschreibfördermaßnahmen.	Langform: 45 min Kurzform: 15–20 min	Relativ gute Paralleltest-Reliabilität, gute Validität	Eichung 1988/89 u. Zusatzeichung 1991, Einzelnormen für Schüler mit deutscher und anderer Muttersprache: Ende 4. Kl. (30.–40. UW) Anf. 5. Kl. (2.–12.UW) Ende d. 5. Kl. (30.–40.UW) PR,PR-Band, T-Wert, T-Wert-Band, Note
WRT 4/5	Mitte der 4. Klasse bis Anfang 5. Klasse	Überprüfung des spezifischen Grundwortschatzes	35–40 min	Hohe Parelleltest-Reliabilität, hohe inhaltlich-logische Gültigkeit	Eichung 1979, PR, T-Wert, T-Wert-Band

Tabelle 1:
Standardisierte Rechtschreibtests (Fortsetzung)

Test-verfahren	Klassen-stufe	theoretischer Hintergrund	Dauer	Reliabilität/ Validität	Normierung
DRT 5	Oktober bis Januar der 5. Klasse	Messung der orthographischen Grundlagen, sowohl hinsichtlich der Beherrschung des Wortschatzes als auch hinsichtlich des Befolgen von Regeln; Differenzierte Fehleranalyse möglich als Grundlage für eine gezielte Förderung.	30–45 min.	Sehr hohe Reliabilität, hohe inhaltlich-logische Gültigkeit	Eichung 1993 an 3 131 Schülern Individual- u. Klassennormen der Gesamtleistung für Haupt-/Realschule u. Gymnasium für Schüler mit deutscher u. anderer Muttersprache. Normen bezügl. des Ausprägungsgrades einiger Fehlerschwerpunkte (Lautunterscheidung u. -folge) PR-Band, mittlerer T-Wert, T-Wert-Band
WRT 6+	5. bis 7. Klassen	Überprüfung der Rechtschreibleistung. Gute Differenzierung bei Schülern mit Rechtschreibschwierigkeiten; keine Parallelform	15–30 min	Hohe Reliabilität, inhaltliche u. logische Gültigkeit	Eichung 1980 an 7 126 Schülern, schulbezogene Normen für alle Schularten vom Ende der 5. Kl. bis zum Ende der 7. Kl. (Hauptschule bis Ende 8. Kl.) Mittlerer PR, T-Wert
RT	Ab 13 Jahren	Erfassung der Rechtschreibkenntnisse in Hinblick auf eine größere Bezugsgruppe in drei Formen: Form C „Moselfahrt“ Form D: „Rummelplatz“ Form E: „der Nichtraucher“	Form C u. D 20–25 min, Form E 25–30 min	Logische und inhaltliche Validität	Für Form C: Eichungen an 573 deutsch-sprachigen Probanden (zwischen 16 u. 30 Jahren). T-Wert, Standardwert, PR

BISC: Bielefelder Screening zur Früherkennung von Lese-Rechtschreibschwierigkeiten;
DRT: Diagnostischer Rechtschreibtest für 1. (2., 3., 4., 5.) Klassen;
WRT: Weingartener Grundwortschatz-Rechtschreibtest 1+ (2+, 3+),
TGR 1/2: Test Grundanforderungen Rechtschreiben für 1. und 2. Klassen;
WRT 4/5: Westermann Rechtschreibtest für 4. und 5. Klassen;
WRT 6+: Westermann Rechtschreibtest für 5. bis 7. Klassen;
RT: Rechtschreibungstest;
SLRT: Salzburger Lese- und Rechtschreibtest für 1. bis 4. Klassen.

Warum unterscheiden sich die Testergebnisse bei einem Kind?

Individuelle Tagesschwankungen in den Schülerleistungen oder ein unterschiedlich erreichtes Niveau der Schulung in der Rechtschreibung können das Testergebnis beeinflussen. Die Rechtschreibleistung ist auch abhängig von der Art und Weise, mit der sie geprüft wird. Beim Abschreiben sind die Anforderungen anders als beim geübten und beim ungeübten Diktat und beim Lückentext wiederum anders als beim Schreiben eines Aufsatzes. Kinder mit höherer

Intelligenz können in den ersten Grundschuljahren durch Auswendiglernen eine Legasthenie kompensieren, weil in schulischen Leistungskontrollen das Schreiben geübter Texte geprüft wird. Daher kann sich in manchen Fällen die Rechtschreibstörung erst ab der 3. Klasse, wenn auch ungeübte Diktate und Aufsätze geschrieben werden, zeigen. Die objektive und verlässliche Erfassung der Rechtschreibleistung erfordert demnach eine *Verlaufsbeobachtung,* die sich über die ersten fünf Schuljahre erstrecken kann.

Wie lassen sich Risikofaktoren für Lese-Rechtschreibschwierigkeiten des Schulkindes im Vorschulalter messen?

Kinder mit Lese-Rechtschreibschwierigkeiten zeigen bereits im Vorschulalter Defizite bei den spezifischen Voraussetzungen für das Lesen und Rechtschreiben (sie erkennen keine Wortreime, sie können Laute nicht unterscheiden). Das *Bielefelder Screening zur Früherkennung von Lese-Rechtschreibschwierigkeiten* (BISC: Jansen, Mannhaupt, Marx, Skowronek 1999) erlaubt eine relativ zuverlässige und objektive Erfassung der für den Schriftspracherwerb spezifischen vorschulischen Voraussetzungen bei Kindergartenkindern („phonologische Bewusstheit", sprachliches Gedächtnis). Eine Legasthenie lässt sich aber nicht absolut sicher für ein einzelnes Kind vorhersagen – nur das Risiko lässt sich abschätzen (die Früherkennung ist ausführlich in Kapitel 8 dargelegt).

Wie lassen sich Lese- und Rechtschreibfertigkeit beim Schulkind messen?

Eine sichere Erfassung der Rechtschreibleistung ist erst im Laufe der Grundschuljahre möglich. Die *Weingartener Grundwortschatz-Rechtschreib-Testreihe* ermöglicht eine Überprüfung der Rechtschreibleistung für die vier Grundschuljahre (WRT 1+, WRT 2+, WRT 3+; Birkel 1995).

In der Reihe der *Diagnostischen Rechtschreibtests* (DRT 1, DRT 2, DRT 3; Müller, Jugenkamp 1994, 1990, 1991; DRT 4, DRT 5; Grund, Haug, Naumann 1994) wird eine Fehleranalyse in verschiedene Fehlerarten ermöglicht, wodurch sich wertvolle Hinweise für ein individuelles spezifisches Rechtschreibtraining ergeben.

Die Tests differenzieren hauptsächlich im unteren Leistungsbereich, was dem Anliegen einer Legastheniediagnostik entspricht. Im Vergleich der beiden Testreihen bietet die DRT-Serie den Vorteil der qualitativen Fehlerauswertung. Demgegenüber bietet die WRT+-Serie den Vorteil, dass sie über mehr Normen zu unterschiedlichen Zeiträumen verfügt als die DRT-Serie, wodurch sie Vorteile in der Verlaufsmessung z. B. zur Beurteilung kurzzeitiger Therapieerfolge bietet.

Der *Salzburger Lese-Rechtschreibtest* (SLRT; Landerl, Wimmer, Moser 1997) erlaubt eine differenzierte Aufschlüsselung der individuellen Schwächen beim Erlernen von Lesen *und* Rechtschreiben.

Der *Weingartener Grundwortschatz-Rechtschreibtest* (GRT 4+; Birkel 1998) ermöglicht auch über die Grundschule hinaus bis zum Ende der 5. Klasse Hauptschule eine Erfassung der Rechtschreibleistung.

Mit den *Westermann Rechtschreibtests* WRT 4/5 (Rathenow 1980) und WRT 6+ (Rathenow, Laupenmühlen, Vöge 1981) können Aussagen über die Rechtschreibleistungen jenseits der Grundschule bis in die 8. Klasse getroffen werden. Schüler mit Rechtschreibschwierigkeiten können mit diesen Verfahren sehr zuverlässig erfasst werden. Es können Vergleichswerte von Haupt-, Real- und Gymnasialschülern herangezogen werden.

Die Überprüfung der *Rechtschreibleistung von älteren Schülern und Erwachsenen* ist sehr problematisch, da größtenteils nur veraltete Rechtschreibtests und entsprechend veraltete Normwerte vorliegen. Eine Ausnahme stellt das Diktat *„Die Moselfahrt"* aus dem *Rechtschreibungstest* RT (Althoff et al. 1974) dar, der 1995 von Haffner und Mitarbeitern neu normiert wurde. Der Nachteil bei diesem Lückentextdiktat liegt darin, dass die ausgewählten Wörter für den heutigen Sprachgebrauch teilweise veraltet sind.

Den individuellen Besonderheiten eines Kindes kann nur dann entsprochen werden, wenn neben den testdiagnostischen Verfahren Außenkriterien berücksichtigt werden, wie z. B. Diktat- und Zeugnisnoten, das Lehrerurteil und die Qualität der Beschulung.

3.5 Überprüfung der Lesefertigkeit (Achse II)

Lesetests gibt es im deutschen Sprachraum weniger als Rechtschreibtests. Lesetests, die den testtheoretischen Anforderungen genügen, werden in diesem Abschnitt dargestellt (siehe Tabelle 2).

Der *Diagnostische Lesetest zur Frühdiagnose von Lesestörungen* (DLF 1–2, Müller 1984) dient einer möglichst frühzeitigen Erkennung von Kindern mit Lesestörungen. Zeitökonomisch werden Lesezeiten und Lesefehler erfasst.

Der *Zürcher Lesetest* (ZLT, Linder, Grissemann, 5. Aufl. 1996) wurde in seiner vierten Auflage neu standardisiert und erweitert. Bei diesem Verfahren werden in fünf Untertests Lesegenauigkeit (Fehler) und das Lesetempo (Zeit) gemessen.

Der *Zürcher Leseverständnistest* für das 4. bis 6. Schuljahr (ZLVT 4.–6., Grissemann, Baumberger 1986) ist ein ergänzendes Verfahren zum Zürcher Lesetest. Das Verständnis von laut und still gelesenen Texten wird über verbales und bildhaftes Material sowie über eine Handlungsaufgabe erfasst.

Ein aktuelles Verfahren zur Einschätzung der Leseleistung stellt die *Würzburger Leise Leseprobe* (WLLP, Küspert, Schneider 1999) dar. Dieses Testinstrument überprüft die Lesegeschwindigkeit auf Wortebene und liegt als Multiple-Choice-Test in Speed-Variante vor. Dieses Verfahren ist als Gruppen- und Einzeltest durchführbar, Normen liegen vom ersten bis vierten Grundschuljahr nach Geschlecht getrennt vor, so dass das Testverfahren schuljahrübergreifend eingesetzt und somit der Verlauf der Leseentwicklung untersucht werden kann.

Tabelle 2:
Standardisierte Lesetests (nach Hemminger et al. 2000, S. 194)

Test-verfahren	Klassen-stufe	theoretischer Hintergrund	Dauer	Reliabilität/ Validität	Normierung
DLF 1–2	Übergang von 1. zu 2. Klasse; Mitte 2. Klasse	Überprüfung der Lesefertigkeit (Tempo, Fehler) über Einzelwortlesen von 33 Wörtern, Paralleltest vorliegend. Vier Subtests: 1) Speicherung: häufige Wörter; 2) Synthese: seltene, einfache Wörter; 3) Analyse: schwierige Wörter mit Konsonantengruppen; 4) Segmentierung: zusammengesetzte Wörter	unter 10 min	hohe Paralleltest-Reliabilität, Retest-Reliabilität ungeprüft	Eichung 1983 an 320 Schülern am Ende der 1. Klasse und 405 Schülern Mitte der 2. Klasse
ZLT	Ende der 2. bis Ende der 6. Klasse	Überprüfung der Lesegenauigkeit (Fehler) und des Lesetempos (Zeit): 1) Lesen von Einzellauten, 2) Wortlesen und 3) Textlesen; darüber hinaus psycholinguistische Verlesungsanalyse im Textlesen	15–25 min	hohe Retest-Reliabilität; keine Angaben zur Validität	Eichung 1981 an 1 200 Schülern; PR-Band
ZLVT	im 2. Halbjahr der 4.–6. Klasse	Ergänzung zum ZLT; Erfassung des Leseverständnisses in der Kombination von lautem und stillem Lesen; Aufgaben im Multiple-Choice-Format	ca. 25 min	mittelhohe Reliabilität; keine Angaben zur Validität	Eichung 1986 an 300 Schülern; PR
WLLP	Ende der 1. bis Ende der 2. Klasse	Erfassung der Lese-(=Decodier-)geschwindigkeit; Multiple-Choice-Test in Speed-Variante; einem geschriebenen Wort sind vier Bildalternativen gegenübergestellt, aus denen das korrespondierende Bild anzustreichen ist; maximal 140 Aufgaben; als Einzel- oder Gruppentest durchführbar	Arbeitszeit 5 min; insgesamt 10–15 min	hohe Retest- und Paralleltest-Reliabilitäten; hohe bzw. mittlere Validität (alternative Lesetests, Lehrerurteil, Deutschnote)	Eichung 1997 an 2 820 Grundschulkindern; PR
SLRT	Ende der 1. bis Ende der 2. Klasse	Prüfung der automatischen, direkten Worterkennung („häufige" bzw. „zusammengesetzte" Wörter) und des synthetischen, lautierenden Lesens (Recodieren von „wortähnlichen" und „wortunähnlichen" Pseudowörtern); gute Differenzierung im unteren Leistungsbereich	5–15 min	hohe Paralleltest-Reliabilität; mittlere Validität (Lehrerurteil)	Eichung 1994–97 an 1 200 Grundschulkindern

Tabelle 2:
Standardisierte Lesetests (Fortsetzung)

Testverfahren	Klassenstufe	theoretischer Hintergrund	Dauer	Reliabilität/ Validität	Normierung
KNUSPEL-L	Ende der 1. bis Ende der 2. Klasse	Überprüfung von Basisfertigkeiten des Lesens: 1) Recodieren (Erkennen von lautgleichen Wörtern), 2) Decodieren (Erkennen von Wortbedeutungen), sowie 3) die Erfassung des Hörverstehens (mündliche Aufgaben) und 4) die Erfassung des Leseverstehens (schriftliche Aufgaben)	35–50 min	hohe Retest- und Paralleltest-Reliabilitäten; hohe bzw. mittlere Validität (alternative Lesetests, Lehrerurteil, Deutschnote) → Gütekriterien methodisch sehr differenziert erfasst	Eichung 1994–97 an 4 746 Grundschulkindern

DLF 1–2: Diagnostischer Lesetest zur Frühdiagnose von Lesestörungen;
ZLT: Zürcher Lesetest; ZLVT: Zürcher Leseverständnistest;
WLLP: Würzburger Leise-Lese-Probe;
SLRT: Salzburger Lese- und Rechtschreibtest;
KNUSPEL-L: Knuspels Leseaufgaben.

Die Durchführung ist außerordentlich ökonomisch, die Auswertung einfach, verbunden mit einem nur geringen zeitlichen Aufwand.

Der Lesetest des *Salzburger Lese- und Rechtschreibtests* (SLRT, Landerl, Wimmer, Moser 1997) prüft zwei Teilkomponenten des Wortlesens: Defizite der automatischen, direkten Worterkennung und Defizite des synthetischen, lautierenden Lesens. Der Lesetest kann als Individualtest vom ersten bis vierten Grundschuljahr durchgeführt werden. Das Verfahren differenziert im unteren Leistungsbereich gut.

Knuspels Leseaufgaben (Marx 1999) stellen ein relativ ausführliches Testinstrument dar und erfassen relevante Basisfertigkeiten des Lesens: 1) Recodierfähigkeit (Erkennen lautgleicher Wörter); 2) Decodierfähigkeit (Erkennen von Wortbedeutungen) und 3) Leseverständnis auf Satzebene. Der Test kann als Einzel- oder Gruppentest durchgeführt und vom ersten bis vierten Grundschuljahr vorgelegt werden.

Lesetests im Rahmen mehrdimensionaler Intelligenztests sind zur Diagnostik einer Lesestörung nicht geeignet, da vor allem die Lesegenauigkeit (z. B. in der Kaufman-Assessment Battery for Children) gemessen wird, die nicht ausreichend zwischen guten und schlechten Lesern unterscheidet.

Über die Grundschuljahre hinaus liegen kaum adäquate Messinstrumente vor, bei älteren Kindern muss deshalb auf die verfügbaren Testverfahren zurückgegriffen und deren Testergebnis in Bezug zum Durchschnitt der nächstjüngeren Vergleichsgruppe gesetzt werden.

3.6 Überprüfung von allgemeinen Lernvoraussetzungen (Achse II)

Spezifisch in der Legastheniediagnostik und unerlässlich sind die beschriebenen testdiagnostischen Überprüfungen des Lesens, Rechtschreibens und der Intelligenz. Beim einzelnen Kind mit Legasthenie kann es sein, dass eine weitergehende Untersuchung der Aufmerksamkeitsentwicklung, der Sprache und der motorischen bzw. visuo-motorischen Fertigkeiten wie aber auch der psychischen Entwicklung angezeigt ist. Dies ist dann der Fall, wenn Anhaltspunkte vorliegen, dass Aufmerksamkeit, Sprache und Motorik, Rechenvermögen oder die allgemeine psychische Gesundheit therapierelevant beeinträchtigt sein könnten.

3.6.1 Untersuchung der Sprachentwicklung

Ergeben sich Hinweise, dass Schwierigkeiten im sprachlichen Ausdruck und im Sprachverständnis bestehen, so lassen sich ergänzend zur klinischen Beurteilung der Sprache (spricht das Kind altersgemäß die Laute, spricht es grammatikalisch richtig, versteht es Sprache altersgemäß?) folgende psychometrische Verfahren anwenden:

- Untertest des psycholinguistischen Entwicklungstests von Angermaier (PET, 1974): Das Sprachverständnis mit den Untertests „Wortverständnis" und „Worte ergänzen", die sprachliche Ausdrucksfähigkeit (expressive Sprachfunktion) durch die Untertests „Grammatik" und „Sätze ergänzen".
- Der Heidelberger Sprachentwicklungstest (HSET) dient der Einschätzung der Sprachentwicklung im Grundschulalter (Grimm 1996).

Weitere orientierende sprachdiagnostische Verfahren sind:

- Aktiver Wortschatztest (AWST, 1979)
- der Allgemeine Deutsche Sprachtest (ADST, 1977)
- die Wortschatztests WST 4–5, WST 5–6 und 7–8 (1965a, 1965b, 1967)
- der Peabody-Picture-Vocabulary-Test (1977)

Achtung:
Alle diese Verfahren haben veraltete Normen und eignen sich daher nur zur orientierenden Untersuchung. Entscheidend ist die klinische Beurteilung.

3.6.2 Einschätzung der motorischen Entwicklung

Das motorische Geschick wird dann näher zu untersuchen sein, wenn die Schriftführung (Graphomotorik) dem Kind Schwierigkeiten bereitet. Wichtig ist hierzu die neurologische Untersuchung. Für eine ergänzende Motodiagnostik eignen sich

- die Lincoln-Oseretzky-Skala (LOS, 1979; 5;0 bis 13;11 Jahre)
- der Körperkoordinationstest (KTK, 1974; 5;0 bis 14;11 Jahre)

Die Normen des KTK sind sehr streng, so dass die Beurteilung grundsätzlich vorsichtig erfolgen muss.

Die visuo-motorische Entwicklung lässt sich orientierend einschätzen mit:

- Frostig-Entwicklungstest (FEW, 1982; 4;0 bis 11;11 Jahre)
- Göttinger Formreproduktionstest (GFT, 1977; 6;0 bis 15;11 Jahre)

3.6.3 Überprüfung von Aufmerksamkeit und Impulsivität

Ergeben die lebensgeschichtlichen Schilderungen und Beobachtungen des Kindes Hinweise darauf, dass Hyperaktivität, Impulsivität und Aufmerksamkeitsstörung vorliegen könnten, so sollte eine spezifische Diagnostik hinsichtlich des Hyperkinetischen Syndroms vorgenommen werden. Auch hier ist die Diagnose vorwiegend klinisch entsprechend der *Leitlinien der Kinder- und Jugendpsychiatrie* (2000) zu stellen. Als psychometrische Verfahren zur Aufmerksamkeitseinschätzung dienen:

- Beurteilungsskalen und Fragebögen: Conners-Skala zur groben Orientierung; Achenbach-Skala (CBCL) (Achenbach, Edelbrock 1983; deutsche Version: Remschmidt, Walter 1990; Skalen finden sich z. B. in Steinhausen 2000)
- Continuous Performance-Test – Kinderform (CPT-K) (Lauth, Roth, Schlottke, Schmidt 1993)
- Aufmerksamkeits-Belastungstest d2 (ab 9;0 Jahre)
- Wiener Determinationsgerät
  (weiterführend: Döpfner, Frölich, Lehmkuhl 2000 a)

3.6.4 Überprüfung der Rechenfertigkeit

Die Entwicklungsstörungen des Rechnens werden sehr wahrscheinlich noch häufig übersehen. In Einzelfällen kommt es vor, dass Lese- und Rechtschreibstörung und Rechenstörung gemeinsam auftreten. Verfahren, mit denen sich die Rechenfertigkeit einschätzen lässt, sind in Tabelle 3 zusammengefasst (weiterführend Warnke, Küspert 2001).

Tabelle 3:
Standardisierte Rechentests (nach Hemminger et al. 2000, S. 198–199)

Test-verfahren	Klassen-stufe	theoretischer Hintergrund	Dauer	Reliabilität/ Validität	Normierung
DBZ 1	Ende 1. bis Mitte 2. Klasse	Erfassung elementarer Rechenfähigkeiten (Addition, Subtraktion) im Zahlenraum 0 bis 20 und deren Schwächen. Teil 1 (mündlich: 51 Aufgaben) und Teil 2 (schriftlich: 77 Aufgaben) haben eine diagnostische, die Teile 3 und 4 (zeichnerische und handelnde Darstellung) eine didaktische Zielsetzung.	für die Teile 1 u. 2: 1–2 Stunden	hohe interne Konsistenz curriculare und fehler-analytische Gültigkeit	keine (nur kritische Werte)
AST 2	2. Halbjahr der 2. Klasse	Subtest „Zahlenrechnen“ (Rechenfertigkeit): Additionen und Subtraktionen mit Umkehrungen, einfache Multiplikationen und Divisionen (25 Aufgaben). Subtest „ Textaufgaben“: Fähigkeit, Sachzusammenhänge richtig in mathematische Operationen zu übertragen und das Ergebnis wieder richtig einzuordnen (15 Aufgaben). Parallelform liegt vor.	etwa 1 Stunde	hohe interne Konsistenz, curriculare Gültigkeit, befriedigender Zusammenhang mit Schulnoten	Eichung 1990, 1 750 Schüler, repräsentativ für alte BRD, T-Werte, PR
MT 2	Ende 2. bis Beginn 3. Klasse	Prüfung grundlegender mathematischer Kenntnisse über 6 Untertests: Gegenstände klassifizieren/ordnen; Zahlen (ordnen, Zahlenraum, Zahlenverständnis); Zahloperationen; Addition; Multiplikation; Subtraktion.	1 1/2 Stunden	Teils niedrige interne Konsistenz der Subtests, befriedigender Zusammenhang mit Schulnoten	Eichung 1979, 1 700 Schüler, repräsentativ BRD, T-Werte, PR
DRE 3	Ende 3. bis Beginn 4. Klasse	Prüfung von Rechenfertigkeiten und Rechenverständnis; normorientierte Auswertung und Auswertung nach Fehlertypologie möglich (Fehlerarten: Zusammenzählen, abziehen, ergänzen, vervielfachen, teilen, dekadische Strukturierung, Zehner- und Hunderterüberschreitung, Textverständnis). Parallelform liegt vor.	1 1/2 Stunden	hohe interne Konsistenz, befriedigender Zusammenhang mit Schulnoten	Eichung 1970, 1 550 Schüler, repräsentativ BRD, T-Werte, PR
AST 3	2. Halbjahr der 3. Klasse	Subtest „Zahlenrechnen“ (Rechenfertigkeit): Addition, Subtraktion, Ergänzen, einfache Multiplikation und Division (11 Aufgaben). Subtest „ Textaufgaben“: mathematische Probleme in einfachem Kontext erkennen und lösen (18 Aufgaben). Parallelform liegt vor.	45 Minuten	befriedigende interne Konsistenz, curriculare Gültigkeit.	Eichung 1990, 1 780 Schüler, aus alter BRD, T-Werte, PR

Tabelle 3:
Standardisierte Rechentests (Fortsetzung)

Testverfahren	Klassenstufe	theoretischer Hintergrund	Dauer	Reliabilität/ Validität	Normierung
MSZ 3	Ende 3. bis Beginn 4. Klasse	Erfassung von Rechenfertigkeit und Leseverständnis im Hinblick auf mathematische Aufgabenstellungen (20 Textaufgaben). Parallelform liegt vor.	45 Minuten	hohe interne Konsistenz, sign. Beziehung zu Lehrerurteil.	Eichung ca. 1972, 1 650 Schüler, T-Werte, PR
MSZ 4	Ende 4. bis Beginn 5. Klasse	Erfassung von Rechenfertigkeit und Leseverständnis im Hinblick auf mathematische Aufgabenstellungen (21 Textaufgaben). Parallelform liegt vor.	45 Minuten	hohe interne Konsistenz, sign. Beziehung zu Lehrerurteil.	Eichung ca. 1975, 3 050 Schüler, T-Werte, PR
MS 4	Ende 3. bis Beginn 4. Klasse	Erfassung geometrischer und topologischer Grundbegriffe und -formen, dabei insbesondere die Komponente des anschauungsgebundenen logischen Denkens (25 Aufgaben). Parallelform liegt vor.	45 Minuten	befriedigende bis hohe interne Konsistenz, beansprucht inhaltliche Validität.	Eichung ca. 1977, 3 050 Schüler, T-Werte, PR
AST 4	2. Halbjahr der 4. Klasse	Subtest „Mathematik“: mathematische Kenntnisse und Fähigkeiten mit besonderer Berücksichtigung von Zahlen (Erweitern bis 1.000.000, Nachbarzahlen, Auf- und Abrunden), Größen (Gewicht, Länge, Zeit) und Sach bzw. Textaufgaben (32 Aufgaben). Parallelform liegt vor.	40 Minuten	hohe interne Konsistenz, curriculare Gültigkeit.	Eichung 1991, 3270 Schüler, aus gesamter BRD, T-Werte, PR
RT 4–6	4.- 6. Klasse	Ziel: Erfassung der Bewältigung des bislang dargebotenen Rechenstoffes (deutschsprachige Schweiz) und Identifizierung von Rechenschwächen. Für die 4., 5. und 6. Klasse jeweils 45 Aufgaben (Addition, Subtraktion, Multiplikation, Division, Zahlenrätsel, Bruchrechnen, Massen- und Zeiteinheiten, Relationen und Textaufgaben). Hinweise zur qualitativen Auswertung.	ca. 1 1/2 Stunden	Keine Angaben zur Reliabilität, inhaltliche Gültigkeit, befriedigender Zusammenhang mit Schulnoten	Eichung 1986–1988, je 500 Schüler, keine Hinweise zur Repräsentativität, PR-Normen
BDT 6	Ende 6. Klasse	Prüfung von Fähigkeiten im Bruch- und Dezimalrechnen (37 Aufgaben). Subtests „Bruchrechnen“ und „Dezimalrechnen“: Addition, Subtraktion, Multiplikation und Division, Klammer- und Kettenaufgaben mit Brüchen bzw. Dezimalzahlen. Parallelform liegt vor.	1 Stunde	hohe interne Konsistenz f. Bruchrechnen, niedriger f. Dezimalrechnen, curriculare Validität, geprüfte konvergente und diskriminante Validität	Eichung Form A: 1975/1976, 785 Schüler (Form B, 1979, 182 Schüler) keine getrennten Normen für verschiedene Schulen. T-Werte, PR

Tabelle 3:
Standardisierte Rechentests (Fortsetzung)

Test-verfahren	Klassen-stufe	theoretischer Hintergrund	Dauer	Reliabilität/ Validität	Normierung
RT 9+	Ende 9. bis Beginn 10. Klasse	Erfassung von Mathematikleistungen (Schulstoff Ende 9. Klasse Hauptschule). 39 Aufgaben: Bruch-, Prozent- und Zinsrechnen; Gleichungen; Rechnen mit Potenzen, Wurzeln und Größen.	80 Minuten	hohe interne Konsistenz (Hauptschüler-stichprobe), curriculare Validität, Faktorielle Validität.	Eichung 1990, 3100 Hauptschüler (repräsentativ alte BRD), 92 Real-schüler, T-Werte, PR
BRT	8.–10. Klasse	Ziel: Erfassung der mathematischen Fä-higkeiten, bezogen auf Anforderungen von beruflichen Schulen und Auszubildenden in Betrieben. 8 Subskalen: Dezimalbrüche, Maße, Algebra, Geometrie, Grundrechenarten, Gewöhnliche Brüche, Prozentrechnen, Schlussrechnen. Gesamttest: 62 Aufgaben, Kurzform: 16 Aufgaben.	Gesamtform: ca. 100 Min. (Kurzform: ca. 40 Min)	teils niedrige interne Konsisten-zen d. Subtests, beansprucht in-haltliche Validität	Eichung ca. 1984 in Hessen, fraglich repräsentativ für BRD, Langform: 650 Schüler (Kurzform: 590), Normen getrennt für Schulformen, T-Werte, PR

DBZ 1: Diagnostikum: Basisfähigkeiten im Zahlenraum 0 bis 20;
AST 2 (3, 4): Allgemeiner Schulleistungstest für 2. (3., 4.) Klassen;
MT 2: Mathematiktest für 2. Klassen;
DRE 3: Diagnostischer Rechentest für 3. Klassen;
MSZ 3 (4): Mathematische Sachzusammenhänge 3 (4);
MS 4: Mathematische Strukturen 4;
RT 4–6: Rechentest 4.–6. Klasse (Schweiz);
BDT 6: Bruch- und Dezimalrechentest 6;
RT 9+: Rechentest 9+;
BRT: Berufsbezogener Rechentest.
(Weitere, neu erschienene Rechentests, siehe Literaturverzeichnis 9.2: Krajewski et al. (2002) und von Aster (2001).)

3.7 Die Einschätzung der psychischen Entwicklung (Achse I)

Die psychische Entwicklung des Kindes mit Legasthenie ist aufmerksam zu beobachten. Eine kinder- und jugendpsychiatrische Diagnostik empfiehlt sich unbedingt dann, wenn die elterlichen Angaben auf psychische Probleme des Kindes verweisen und klinisch Anhaltspunkte für Versagensängste, depressive Entwicklungen, Aufmerksamkeitsschwierigkeiten, Disziplinschwierigkeiten und somatische Beschwerden in Reaktion auf schulische Anforderungen bestehen. Krankheitsbeschreibungen, diagnostisches Vorgehen und Therapieverfahren finden sich in den Lehrbüchern der Kinder- und Jugendpsychiatrie (Remschmidt 2000; Steinhausen 2000; Leitlinien der Deutschen Gesellschaft für Kinder- und Jugendpsychiatrie und Psychotherapie 2000).

Der psychische Befund wird durch Elternbericht, Exploration und Beobachtung des Kindes, Lehrerberichte und Zeugnismitteilungen ergänzt. Eine Hilfe sind strukturierte Befragungsverfahren. Für eine *orientierende psychische Symptomerhebung* eignen sich:

- Child Behavior Checklist (CBCL) (Achenbach, Edelbrock 1983, deutsche Version: Remschmidt, Walter 1990). Mit 138 Fragen werden im Altersbereich von 4 bis 16 Jahren von den Eltern erfragt: Soziale Kompetenz, verschiedene psychische Auffälligkeiten wie Aggressivität, motorische Unruhe, Depression, Angst, körperliche Symptome.
- Youth Self Report (YSR) (Achenbach, Edelbrock 1987, deutsche Version: Remschmidt, Walter 1990). 118 Fragen werden von Jugendlichen zwischen 11 und 18 Jahren selbst beantwortet. Die Fragen beziehen sich auf soziale Kompetenz und psychische Symptome.
- Mannheimer Elterninterview (MEI) (Esser et al. 1989). Eltern beantworten Fragen für den Altersbereich von 6 bis 16 Jahren. Es werden psychopathologische Symptome, familiäre Lebensverhältnisse und belastende Lebensereignisse erfasst.

Als spezifische *Angstfragebogen* empfehlen sich:

- Angstfragebogen für Schüler (AFS) (Wieczerkowski et al. 1975). Ein Selbstbeurteilungsverfahren, das vom Kind ausgefüllt wird. Der Fragebogen gibt Auskunft über allgemeine Ängstlichkeit, Prüfungsangst und Schulunlust.
- Einschätzungsskala der Schulverweigerung (ESV) (Overmeyer et al. 1994). Die Selbstbeurteilung des Kindes gibt Informationen zu sozialen Ängsten und Prüfungsängsten.
- Social Anxiety Scale for Children Revised (SASC-RD) (Melfsen 1998; Melfsen, Florin 1997). Im Selbstbeurteilungsverfahren macht das Kind Angaben zu seiner sozialen Ängstlichkeit.
- Anstrengungs-Vermeidungs-Test (AVT) (Rollet, Bartram 1981).

3.8 Körperliche Untersuchung (Achse IV)

Die körperliche Untersuchung beinhaltet eine internistische und neurologische Untersuchung. Dazu gehört auch eine Ableitung der Hirnströme (EEG = Elektroenzephalogramm). Immer empfehlen sich eine augenärztliche Untersuchung zur Sehtüchtigkeit und bei Sprachschwierigkeiten eine ohrenärztliche (pädaudiologische) Überprüfung der Hörfähigkeit (siehe Kapitel 7.3.4 und 7.3.5).

3.9 Differentialdiagnostik

Die Schritte zur multiaxialen Diagnostik geben Aufschluss darüber, inwieweit die Lese-Rechtschreibschwierigkeit nicht durch eine Legasthenie erklärt ist. Differentialdiagnostisch sind insbesondere auszuschließen (vgl. Abb. 3 und 9):

- Lese- und Rechtschreibschwierigkeiten aufgrund einer *neurologischen Erkrankung*. Abzugrenzen sind z. B. Schreibstörungen infolge einer zerebralen Bewegungsstörung (Spastik, Athetose, ataktische Störung), eines zerebralen Anfallsleidens (Epilepsie: z. B. Absencen, sekundenlang anhaltende Bewusstseinsverluste; Rolando-Epilepsie) und infolge von Sinnesfunktionsstörungen des Sehens und des Hörens. Aus diesen Gründen ist eine neurologische Untersuchung immer notwendig, ebenso eine fachärztliche Überprüfung des Sehens und des Hörens wie auch eine elektroenzephalographische Untersuchung (EEG).
- Der *Verlust einer bereits erworbenen Lese-Rechtschreibfertigkeit (Dyslexie; Dysgraphie)*, die nach der internationalen Klassifikation ICD-10 mit der Ziffer R 48.0 klassifiziert würde, und der Verlust der Rechtschreibfähigkeit (R 48.8). Ursachen für den andauernden oder auch nur vorübergehenden, bei entsprechend lokalisierter Hirnschädigung isolierten Verlust der Lese-Rechtschreibfähigkeit sind z.B. eine unfallbedingte Hirnverletzung oder eine Gehirnentzündung (Enzephalitis). In diesen Fällen kann es sein, dass nach Ausheilung der Hirnerkrankung sich die Lese-Rechtschreibfertigkeit wieder normalisiert. Dies sind Beispiele einer möglicherweise vorübergehenden Lese-Rechtschreibschwäche.
- *Erworbene Lese- und Rechtschreibhemmung infolge einer emotionalen Störung oder anderen psychiatrischen Erkrankung*. Ein Beispiel dafür wären Lese-Rechtschreibschwierigkeiten im Rahmen einer depressiven Erkrankung. Die Lese-Rechtschreibstörung ist in diesem Zusammenhang eingebunden in ein allgemeines Lern-Leistungsversagen und nicht umschriebenes Leistungsdefizit. Mit Gesundung kommt es rasch zu einer Normalisierung des Lese-Rechtschreibvermögens. Auch dies wäre ein Beispiel für eine vorübergehende Lese- und Rechtschreibschwäche.
- Lese-Rechtschreibschwäche infolge *mangelnder Unterrichtung*. Davon können Kinder betroffen sein, die erhebliche schulische Fehlzeiten haben oder die aufgrund eines Schulwechsels in der 1. oder 2. Klasse noch nicht den Anschluss an den Lese-Rechtschreibunterricht der neuen Klasse gefunden haben. Dazu zählen auch Kinder, die aus dem Ausland kommen und zunächst die neue Schriftsprache erlernen müssen. Beruht die Lese-Rechtschreibschwäche auf nicht hinreichende Unterrichtung, so spricht man von Analphabetismus (ICD-10 Z 55.x). Diese Lese-Rechtschreibschwächen sind durch eine systematische qualifizierte schriftsprachliche Unterrichtung rasch aufzuholen. Sie sind ebenfalls ein Beispiel für vorübergehende Lese-Rechtschreibschwächen.

3.10 Die Diagnose – wann ist eine Lese-Rechtschreibschwierigkeit eine „umschriebene Lese- und Rechtschreibstörung“ (Legasthenie)?

Die umschriebenen Untersuchungsschritte der multiaxialen Diagnostik machen es möglich, nach einem systematischen Entscheidungsschema zur Diagnose der umschriebenen Lese-Rechtschreibstörung zu gelangen.[1] Dieses Entscheidungsschema ist in Abbildung 9 schematisch abgebildet.

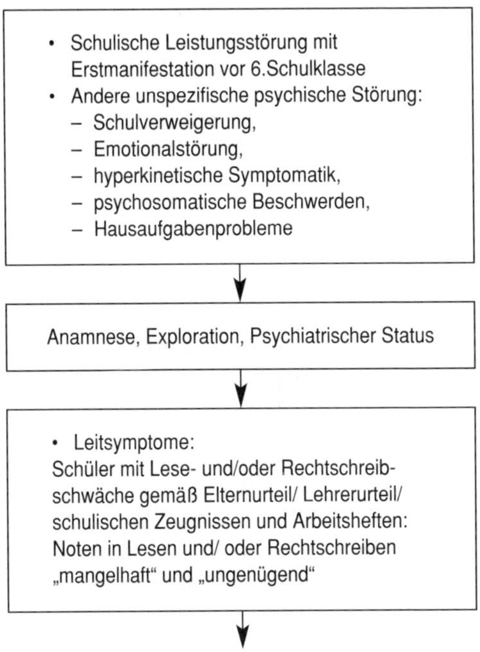

Abbildung 9:
Entscheidungsschema für Diagnostik und Behandlung der Lese-Rechtschreibstörung (Nach: Deutsche Gesellschaft für Kinder- und Jugendpsychiatrie und Psychotherapie et al. 2000) (Fortsetzung siehe nächste Seite).

---

1 *Anmerkung:* Auf wissenschaftlicher Ebene gibt es eine Diskussion über die Möglichkeit, eine „umschriebene Lese-Rechtschreibstörung (Legasthenie)“ zu messen und von anderen Lese- und Rechtschreibschwierigkeiten diagnostisch zu trennen. Insbesondere ist das Kriterium der Diskrepanz zur Intelligenz ein methodisches Problem. Bekannt sind die Schwächen, die Intelligenztests und Lese-Rechtschreibtests anhaften. Die methodischen Probleme der Messung sprechen aber nicht gegen die Existenz der Entwicklungsstörung des Lesens und Rechtschreibens. Die Begriffsbestimmung und Diagnosekriterien sind international vorgeschlagen und sie erlauben es, dass Schüler mit normaler Intelligenzentwicklung nicht übersehen werden, die der Hilfe aufgrund der Lese-Rechtschreibstörung bedürfen. Zudem ergibt sich die Diagnose nicht erstrangig und allein aus der Diskrepanz, sondern aus der oft mehrjährigen schulischen Beobachtung, dass es dem im übrigen ausreichend intelligenten Schüler nicht gelingt, trotz intensiven Übens Lesen und Rechtschreiben zu lernen (Zum Diskussionsstand in Fragen der Definition informiert ausgezeichnet: J. Rispens, T. A. van Yperen, W. Yule (Eds.): Perspectives on Classification of Specific Developmental Disorders. Kluwer, Dordrecht 1998).

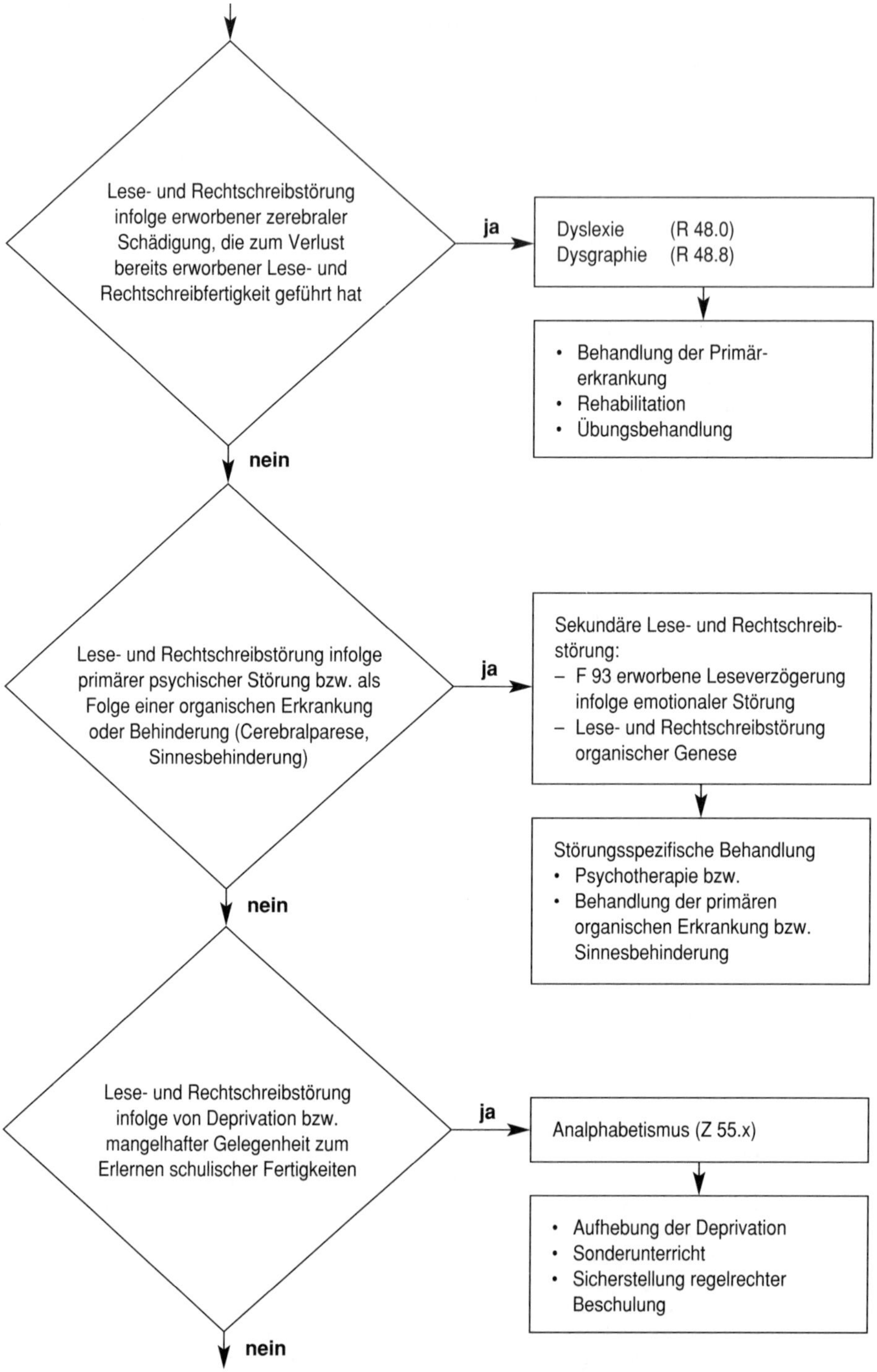

Abbildung 9 (Fortsetzung)

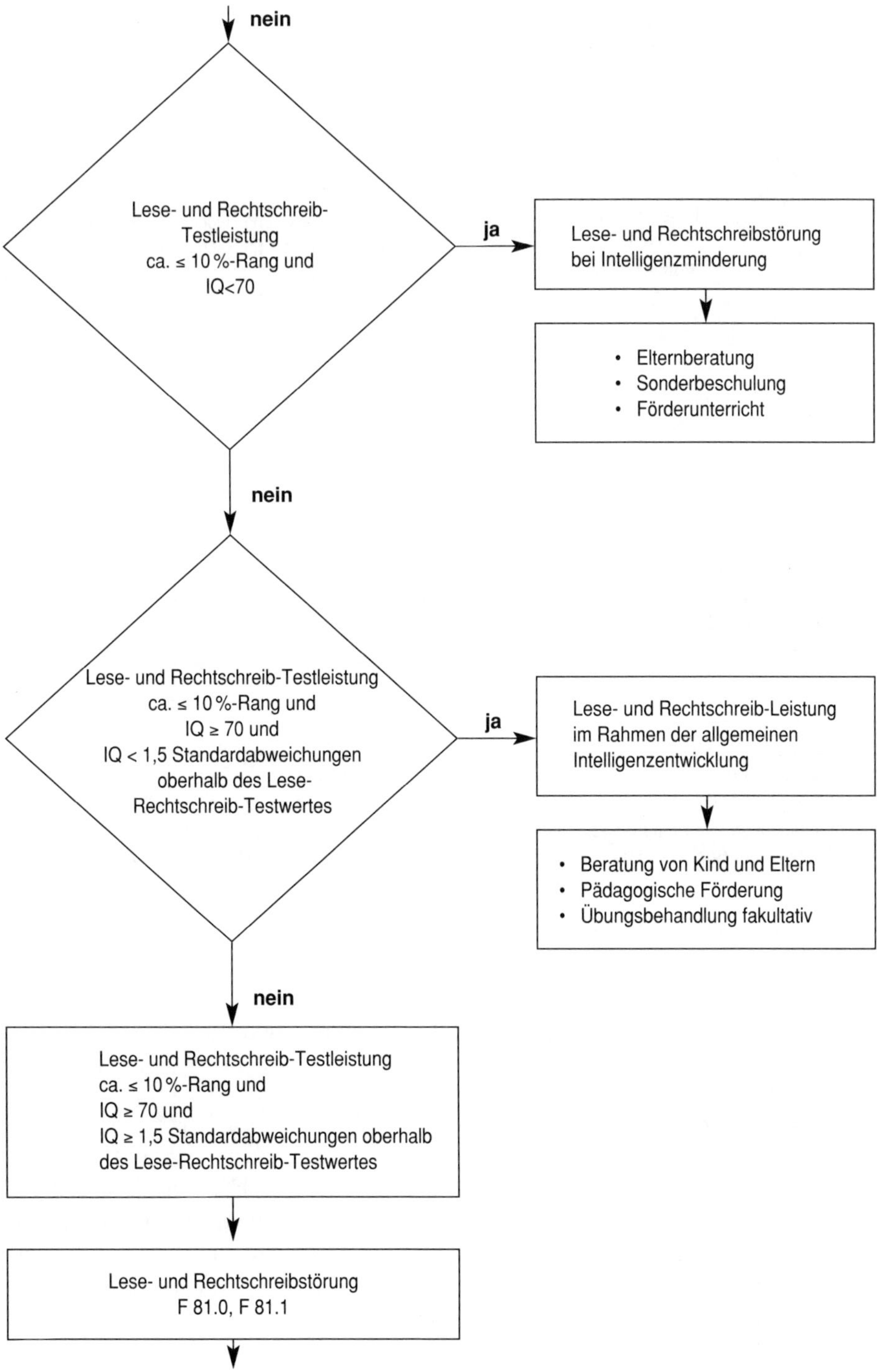

Abbildung 9 (Fortsetzung)

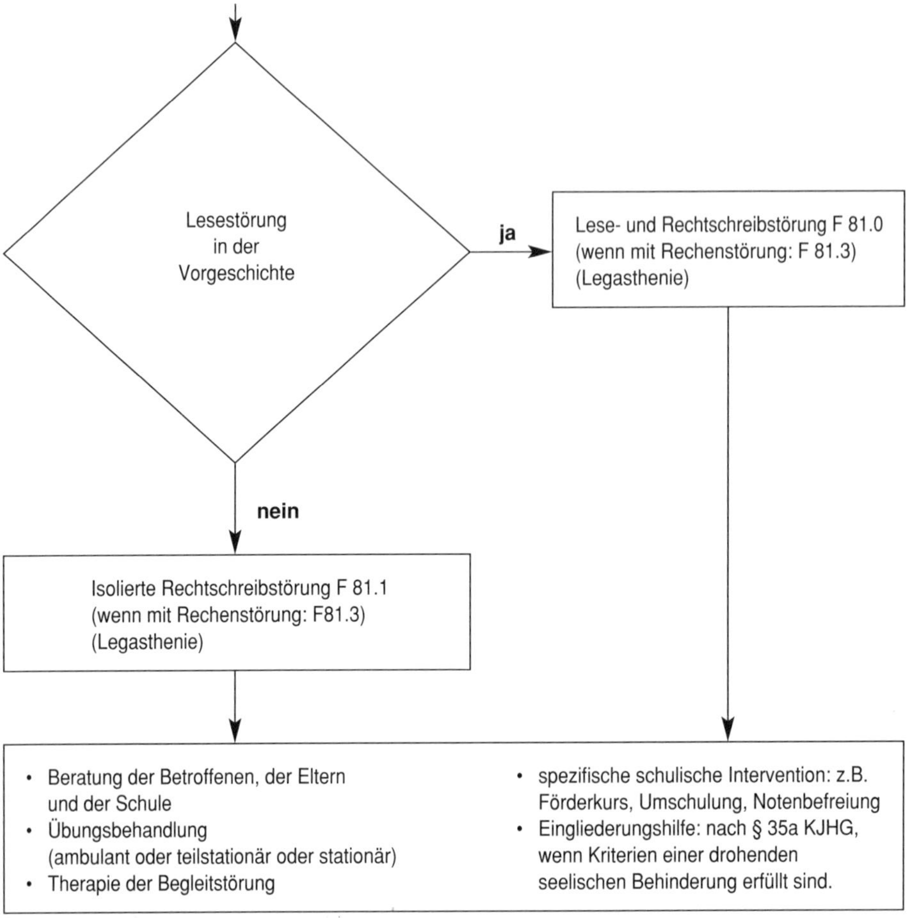

Abbildung 9 (Schluss)

Die Diagnose ergibt sich aus folgenden Entscheidungsschritten:

a) Das Leitsymptom

Das unzureichende Erlernen des Lesens und/oder Rechtschreibens lässt sich aus den Elternberichten, den Noten „mangelhaft" oder „ungenügend" bei Diktaten, dem Lehrerurteil und den schulischen Zeugnissen erschließen. Diese Informationsgrundlage ist entscheidend. *Die Diagnose gründet sich nicht allein und entscheidend aus einem Lückentest-Ergebnis oder isoliertem Diskrepanzwert zu einem Intelligenzquotienten. Sie fußt vielmehr auf oft mehrjähriger Erfahrung von Eltern, Lehrern, Schulpsychologen und Therapeuten in der schriftsprachlichen Förderung des Kindes!*

b) Ausschlussdiagnosen

Durch Anamnese und Exploration sind folgende Formen von Lese-Rechtschreibschwierigkeiten auszuschließen (vgl. Abbildung 3, Seite 18):

- Der *Verlust einer bereits erworbenen Lese- und Rechtschreibfertigkeit infolge einer neurologischen Erkrankung (Dyslexie R 48.0; Dysgraphie R 48.8)*. Die Therapie richtet sich in diesem Fall zunächst vorrangig auf die neurologische Erkrankung als Ursache (Hirnentzündung, Unfallfolge usw.). Anschließend sind oft Maßnahmen der Rehabilitation und schließlich eine Übungsbehandlung notwendig, wenn die u. U. nur vorübergehende Störung des Lesens und Rechtschreibens überdauern sollte.
- Die *Folge einer primären psychischen Störung oder organischen Erkrankung oder Behinderung* wie z. B. einer Zerebralparese oder Seh- oder Hörstörung (*F 93: Erworbene Lese-Rechtschreibhemmung* infolge emotionaler Störung, Lese-Rechtschreibstörung aufgrund einer organischen Erkrankung). Die Behandlung richtet sich in diesem Erklärungszusammenhang auf die psychotherapeutische oder psychopharmakologische Therapie der seelischen Störung (z. B. des Hyperkinetischen Syndroms) bzw. die Therapie der organischen Ursache der Lernstörung, wie z. B. die Behandlung einer Seh- oder Hörstörung.
- Die *Folge einer unzureichenden schulischen Unterrichtung (Analphabetismus Z 55.x)*. Mit einer Unterrichtung im Lesen und Schreiben sind die Lernrückstände aufzufangen.
- Die Lese- und Rechtschreibstörung ist im Rahmen einer *allgemeinen Intelligenzminderung*. Nach internationaler Vereinbarung wird für die Diagnose einer umschriebenen Lese-Rechtschreibstörung vorausgesetzt, dass keine Intelligenzminderung vom Grad einer geistigen Behinderung vorliegt. Zur Orientierung ist als Entscheidungsleitlinie vereinbart, dass ein qualifiziert gemessener Intelligenzquotient, der < 70 ist, eine umschriebene Lese-Rechtschreibstörung ausschließt. In diesem Fall wird die Lese-Rechtschreibstörung im Rahmen der geistigen Behinderung gesehen. Die Lese-Rechtschreibstörung im Rahmen der geistigen Behinderung findet ihre schulrechtliche Berücksichtigung im Sonderschulsystem und sozialrechtlich durch die Eingliederungshilfe, wie sie das Bundessozialhilfegesetz vorsieht.

c) Sicherung der diagnostischen Kriterien der umschriebenen Lese-Rechtschreibstörung

Im ersten Schritt ist durch einen standardisierten Lese-Rechtschreibtest und einen Intelligenztest festzustellen, welchen Lese-Rechtschreib-Prozentrang und welchen Intelligenztestwert das Kind erreicht. In Anlehnung an international eingeführte Diagnosekriterien hat man sich innerhalb der Kinder- und Jugendpsychiatrie auf folgende Richtwerte geeinigt, die z. B. in Bayern den Gutachten zum schulischen Nachteilsausgleich als auch den Gutachten zur Eingliederungshilfe nach § 35 a SGB VIII (IX) zugrunde gelegt werden. Eine umschriebene Lese-Rechtschreibstörung (Legasthenie) ist demgemäß unter folgenden Voraussetzungen zu diagnostizieren:

Die standardisiert getestete Lese- und Rechtschreibleistung liegt nicht wesentlich höher als auf dem 10 %-Niveau. Der Intelligenzquotient wurde mit einem qualifizierten Intelligenztest gemessen und liegt über IQ 70. Wichtig ist nun, dass der gemessene Intelligenzquotient mindestens 1 bis 1,5 Standardabweichungen oberhalb des Lese-Rechtschreib-Testwertes liegt (entspricht einer Diskrepanz von 10–15 T-Wertpunkten; im klinischen Alltag wird vor allen Dingen bei niedrigen Intelligenzquotienten auch die Diskrepanz der Standardabweichung von 1,0 als klinisch relevant zu werten sein, wenn die übrigen Klassifikationskriterien zutreffen). Bei der Beurteilung ist klinisch zu beachten, dass sehr intelligente Schüler und Schüler, die eine systematische Lese-Rechtschreibtherapie erhalten haben, in der Regel einen Lese-Rechtschreibprozentrang im Test erhalten, der größer als 10 % ist.

In diesen Fällen kommt der Lehrerbeurteilung, der Notendiskrepanz zwischen Lese-Rechtschreibleistung und übrigen schulischen Leistungen und den lebensgeschichtlichen Hinweisen zu den besonderen und umschriebenen Schwierigkeiten beim Erlernen des Lesens und Rechtschreibens eine entscheidende diagnostische Bedeutung zu.

Steht also das umschriebene Lese- und Rechtschreibversagen klinisch außer Frage und wird dies durch die längerfristigen, meist mehrjährigen schulischen Beobachtungen bestätigt und liegt eine im übrigen normale allgemeine Intelligenzentwicklung vor, so kann die Diagnose einer Lese- und Rechtschreibstörung im Sinne von ICD-10 F 81.0 (Legasthenie) bzw. isolierten Rechtschreibstörung im Sinne von F 81.1 als gesichert gelten.

Bei der Wahl des Intelligenztestverfahrens ist dann, wenn bei dem Kind eine Sprachentwicklungsstörung vorliegt, zu überlegen, ob ein sprachfreies Intelligenztestverfahren oder bei Anwendung des Hamburg-Wechsler Intelligenztestes nur der Handlungs-IQ als Intelligenztestmaß herangezogen wird. Liegen die Testwerte des CFT 1 bzw. CFT 20 im unteren Durchschnittsbereich (IQ 85–95), so sollte eine ausführliche Überprüfung der intellektuellen Entwicklung mit HAWIK-III, K-ABC oder dem AID erfolgen.

4 Die Leistung der Krankenkassen

Immer wieder wird die Frage diskutiert, ob es sich bei der Lese- und Rechtschreibstörung im Sinne der Legasthenie um eine Krankheit im Sinne der Reichsversicherungsordnung (RVO) handelt. Mehrere Gerichtsentscheide liegen hierzu vor. Wünschenswert und auch zu fordern ist es, dass die Legasthenietherapie zunächst eine anerkannte Krankenkassenleistung ist. Leider ist dies bislang nicht der Fall. Nach der gegenwärtigen überwiegenden Rechtspraxis ist es keine Frage:

Die diagnostischen Maßnahmen sind immer Teil der Leistungspflicht der Krankenkassen im Sinne der RVO. Dies gilt leider nicht in gleicher Weise für die therapeutischen Maßnahmen. Für eine Therapie übernehmen Krankenkasse bzw. Beihilfe die Kosten, wenn die Lese-Rechtschreibstörung – verstanden als zerebrale Informationsverarbeitungsstörung – als Folge eines „organbezogenen Störungszustandes" nachgewiesen wird.

Nun handelt es sich aus wissenschaftlicher Sicht bei der umschriebenen Lese-Rechtschreibstörung immer auch um eine Besonderheit von organbezogenen Funktionen des menschlichen Gehirns, so dass es sich bei der Legasthenie grundsätzlich um einen „organbezogenen Störungszustand" handelt. *Seitens der Rechtsprechung ist jedoch gemeint, dass bei dem einzelnen Kind ein „sichtbarer Beweis" für eine Hirnstörung vorliegen müsse.* Dies wäre etwa der Fall, wenn die hirnelektrischen Ströme pathologisch zu werten wären, die Lese-Rechtschreibstörung die Folge einer Hirnverletzung oder Hirnentzündung ist oder erhebliche klinische Symptome bestünden (z. B. Zerebralparese), die auf eine Schädigung des Gehirns mit hoher Sicherheit hinwiesen.

Eine Therapie wird auch dann von den Krankenkassen finanziert, wenn im Zusammenhang mit der Legasthenie eine psychische Erkrankung besteht („neurotische Störung"), die einer Behandlung bedarf.

5 Das Begutachtungsverfahren zur Eingliederungshilfe nach § 35 a SGB VIII[1] (IX)

Kinder und Jugendliche haben dann, wenn infolge der Legasthenie die schulische, berufliche oder soziale Eingliederung zumindest gefährdet ist, Anspruch auf Eingliederungshilfe nach § 35 a des Sozialgesetzbuches (SGB) VIII. Die Eingliederungshilfe beinhaltet Maßnahmen zur angemessenen Schulbildung und zur Ausbildung für einen angemessenen Beruf nach § 40 des Bundessozialhilfegesetzes (BSHG). Dem Kind mit Legasthenie kann somit eine Legasthenietherapie, die außerschulisch in freien Praxen stattfindet und die von einer Krankenkasse nicht übernommen wird, über Eingliederungshilfe (Jugendamt) kostendeckend finanziert werden. Kostenlos sind Therapien, die mancherorts in Erziehungsberatungsstellen durchgeführt werden. Leider reichen hierzu die Kapazitäten nicht aus. Daher bleibt der Bedarf der Finanzierung von Therapien, die in freier Praxis oder in („Legasthenie"-) Instituten geleistet werden. Diese Therapien müssen privat bezahlt oder nach Gutachtenverfahren über die Eingliederungshilfe finanziert werden.

---

1 *Anmerkung:* Mit Wirkung vom 01. 07. 2001 ist das SGB IX in Kraft getreten. Die Formulierung zu § 35 a SGB VIII wurde in folgender Weise geändert:

„§ 35 a wird wie folgt geändert: a) Absatz 1 wird wie folgt gefasst: „(1) Kinder oder Jugendliche haben Anspruch auf Eingliederungshilfe, wenn

1. ihre seelische Gesundheit mit hoher Wahrscheinlichkeit länger als sechs Monate von dem für ihr Lebensalter typischen Zustand abweicht und
2. daher ihre Teilhabe am Leben in der Gesellschaft beeinträchtigt ist oder eine solche Beeinträchtigung zu erwarten ist …"

Die Auswirkung dieser Änderung bleibt insgesamt abzuwarten. Für den in Kapitel 5 dieses Buches dargelegten Sachverhalt zum Begutachtungsverfahren zur Eingliederungshilfe nach § 35 a SGB VIII sind keine entscheidenden Änderungen gegeben. Das Bayerische Staatsministerium für Arbeit und Sozialordnung, Familie und Frauen hat mit Schreiben vom 13. 08. 2001 (AZ VI 5/0221/11/01 festgestellt: „Zur Neufassung des § 35 a SGB VIII werden nachfolgende Hinweise gegeben: … angesichts der Zeitvorgabe von mehr als 6 Monaten ist weiterhin davon auszugehen, dass trotz des Verzichts des Gesetzgebers auf den negativen Terminus „Störungen" auch mit der neuen Beschreibung der Abweichung des seelischen Gesundheitszustandes ein chronifizierter Krankheitszustand gemeint ist, d. h. trotz veränderter Terminologie die Leistungsvoraussetzungen insoweit unverändert bleiben. Wie nach der alten Definition die seelische Störung für sich genommen noch nicht die Behinderung darstellt, sondern lediglich die unverzichtbare Voraussetzung dafür, so stellt auch die Funktionsbeeinträchtigung nach § 35 a Abs. 1 Nr. 1 SGB VIII noch nicht die (drohende) seelische Behinderung dar. Diese liegt vielmehr in der Auswirkung der Funktionsbeeinträchtigung im Hinblick auf die Teilhabe des Kindes oder Jugendlichen am Leben in der Gesellschaft (§ 35 a Abs. 1 Nr. 2 SGB VIII). Etwaige Gutachten sollten auch weiterhin unter Berücksichtigung sämtlicher sechs Achsen des multiaxialen Klassifikationsschemas für psychische Störungen des Kindes- und Jugendalters nach ICD 10 der WHO erstellt werden (s. a. AMS vom 30. 07. 1997), dessen Anwendung unter Federführung der zuständigen Jugendhilfebehörde die Berücksichtigung medizinischer, psychologischer und sozialpädagogischer Gesichtspunkte ermöglicht. Die bisherigen Rundschreiben zum Vollzug des § 35 a SGB VIII gelten insoweit weiter" (S. 9).

Voraussetzung für die Eingliederungshilfe ist es, dass durch ein Gutachtenverfahren die diagnostischen Kriterien nachgewiesen werden, die eine „drohende seelische Behinderung" oder bestehende seelische Behinderung belegen. Eine seelische Behinderung besteht oder droht beim Kind mit Legasthenie dann, wenn und soweit es je nach dem Grade seiner Leistungsstörung seiner Persönlichkeitsstruktur und der auf das Kind einwirkenden Leistungsanforderungen mit seinem „Defizit" in seiner sozialen Umwelt nicht mehr zu bestehen vermag und deshalb aus der Gemeinschaft ausgeschlossen wird. „Zu berücksichtigen ist insoweit auch, dass im Gegensatz zu § 39 Absatz 1 BSHG der Eingliederungsanspruch nach § 35 a SGB VIII keine „wesentliche" Behinderung voraussetzt" (Bayerischer Verwaltungsgerichtshof, AZ 12 ZB 01.219 B 3K 97.90, Urteil vom 26.03.2001, S. 2–3). Die Entscheidung, ob die Kriterien für eine zumindest drohende seelische Behinderung vorliegen und die gesetzlichen Voraussetzungen für die Gewährung der Eingliederungshilfe erfüllt sind, liegt bei dem örtlich zuständigen Jugendamt.

Ein Hilfeplan, den das Jugendamt erstellt, sieht gemäß § 36 KJHG (Kinder- und Jugendhilfegesetz) vor, dass „Experten" beim Hilfeplan mitwirken. An erster Stelle wird in den entscheidenden Kommentaren als Experte der Arzt für Kinder- und Jugendpsychiatrie und Psychotherapie benannt (Wiesner 1997). Grundsätzlich können die „diagnostischen Bausteine", die für die Begutachtung nötig sind, auch von anderen dafür qualifizierten Fachkräften beigesteuert werden (z. B. Schulpsychologen; sozialpädiatrische Zentren mit interdisziplinärer Zusammensetzung der Fachkräfte; Kinderärzte mit kinder- und jugendpsychiatrischer Weiterbildung; Erziehungsberatungsstellen mit entsprechender Qualifikation; approbierte Kinder- und Jugendlichenpsychotherapeuten und approbierte psychologische Psychotherapeuten, wenn sie die erforderlichen Kenntnisse und Erfahrungen erworben haben; vgl. hierzu Schreiben des Bayerischen Staatsministeriums für Unterricht und Kultus vom 09.08.2000, AZ IV/1-7306/4-4/55382). *Demnach gilt, dass nach § 10 SGB VIII (Sozialgesetzbuch) Leistungen des Jugendamtes auf der Grundlage des „Subsidiaritätsprinzips" erfolgen. Dies setzt für die Gewährung von Eingliederungshilfe zwar schulische Maßnahmen voraus, bedeutet jedoch nicht, „dass schulische Fördermöglichkeiten bereits ausgeschöpft sein müssen, bevor außerschulische Fördermöglichkeiten in Betracht gezogen werden."* Die Genehmigung außerschulischer Förderung und Therapie kann auch nicht eng an die Feststellung einer Legasthenie gebunden werden, da ebenso eine seelische Störung auch Ursache einer vorübergehenden Lese- und Rechtschreibschwäche sein kann und umgekehrt eine Legasthenie nicht zwangsläufig eine seelische Behinderung hervorruft (Bayerisches Staatsministeriums für Unterricht und Kultus, Schreiben vom 09.08.2000, AZ IV/1–7306/4–4/55382, S. 3).

Die Empfehlungen zu den Kriterien für das ärztliche Gutachten im Rahmen der Eingliederungshilfe nach § 35 a SGB VIII bei vorhandener oder drohender seelischer Behinderung, die vom Bayerischen Staatsministerium für Arbeit und Sozialordnung, Familie, Frauen und Gesundheit am 30. 07. 1997 (AZ VI/1–7225-1–97) veröffentlicht wurden, haben sich als Richtlinie bewährt. Die Empfehlung lautet:

Grundlage für das ärztliche Gutachten zur Eingliederungshilfe nach § 35 a SGB VIII ist das „Multiaxiale Klassifikationsschema für psychische Störungen des Kindes- und Jugendalters“ nach ICD-10 der Weltgesundheitsorganisation (WHO) (Remschmidt, Schmidt, Poustka 2001). Das Gutachten beinhaltet demnach folgende Verfahrensweisen und inhaltliche Angaben:

Achse I: Untersuchungen und Angaben zum „klinisch-psychiatrischen Syndrom“

Das Gutachten soll eine Feststellung treffen, inwieweit eine psychische Störung vorliegt. Es soll eine Aussage darüber erfolgen, in welcher Weise ggf. die psychische Störung im Zusammenhang mit der Lese-Rechtschreibstörung steht. Der Befund ergibt sich aus Anamnese, Exploration und dem psychopathologischen Befund aus der persönlichen Untersuchung des Kindes. Die Diagnostik kann im Einzelfall durch psychometrische Verfahren (z. B. Persönlichkeitstests, Fragebogen und Schätzskalen zur psychischen Entwicklung, projektive Verfahren, familiendiagnostische Verfahren, Interaktionsbeobachtungen) gestützt werden.

Achse II: Untersuchungen und Angaben zu den „umschriebenen Entwicklungsstörungen der schulischen Fertigkeiten“, also zur „umschriebenen Lese- und Rechtschreibstörung“ (Legasthenie)

Bei der Begriffsdefinition sind die Kriterien der „Internationalen Klassifikation psychischer Störungen der Weltgesundheitsorganisation“ (WHO) ICD-10 gültig, wonach die Lese- Rechtschreibstörung unter der Ziffer F 81.0 bzw. F 81.1 diagnostisch beschrieben und klassifiziert ist (siehe Kapitel 3.10, Seite 59).

Die umschriebenen Entwicklungsstörungen des Lesens und Rechtschreibens sind als seelische Behinderung oder drohende seelische Behinderung dann zu bewerten, wenn zur Funktionsstörung ein soziales Integrationsrisiko hinzu kommt, so dass die Entwicklung des Kindes oder des Jugendlichen und seine Eingliederung in die Gesellschaft aller Voraussicht nach beeinträchtigt wird.

Im Gutachten sind die Verfahren und die Ergebnisse zu benennen, nach denen die Diagnose der Lese-Rechtschreibstörung gestellt wurde. Dabei ist ggf. auch auf Befunde zu anderen Teilleistungsschwächen, etwa im Bereich der Sprache, der Wahrnehmung, Konzentration und der motorischen Funktionen, Bezug zu nehmen.

Der diagnostische Nachweis der Lese-Rechtschreibstörung hat nach den Richtlinien zu erfolgen, wie sie in den Abschnitten des vorliegenden Kapitels 3 dargelegt sind. Das Gutachten enthält somit Angaben über das Versagen im Lesen und Rechtschreiben, wie sie durch schulische Stellungnahmen, Schulzeugnisse und mangelhafte und ungenügende Diktatnoten nachgewiesen werden. Die Lese- und Rechtschreibstörung ist durch die benannten standardisierten Verfahren zu objektivieren.

Achse III: Angaben zum Intelligenzniveau

Die psychometrische Bestimmung der Intelligenzentwicklung ist unerlässlich. Im Gutachten muss das angewandte Verfahren benannt werden. Die hierzu geeigneten Verfahren sind in Abschnitt 3 angeführt.

Das Gutachten muss eine Stellungnahme zur Diskrepanz zwischen der allgemeinen intellektuellen Entwicklung (Intelligenzquotienten) und dem erreichten Prozentrang im Lese-Rechtschreibtest enthalten. Eine T-Wert-Diskrepanz zwischen dem Gesamt-IQ und dem Lese- bzw. Rechtschreibtestwert von > oder = 12 T-Wertpunkten gilt dann als ein die Diagnose stützendes Kriterium, wenn dies testdiagnostisch möglich ist. Die Diskrepanz kann im Gutachten auch durch die deutlichen Unterschiede zwischen mangelhaften Deutschnoten (vor allem im Diktat) und den deutlich besseren Noten in anderen Schulfächern (z. B. in Mathematik) belegt werden.

Achse IV: Untersuchung und Angaben zur „körperlichen Symptomatik“

Im Gutachten ist auszuführen, dass eine neurologische Erkrankung (z. B. Epilepsie, Zerebralparese), Sinnesbehinderung (Seh- oder Hörstörung) oder eine andere körperliche Beeinträchtigung die Lese-Rechtschreibschwierigkeiten nicht ursächlich erklärt. Mit der ärztlichen Untersuchung sollte gutachterlich auch festgestellt sein, inwieweit etwa körperliche Beschwerden bestehen und diese Ausdruck der vom Kind nicht bewältigten legastheniebedingten schulischen Belastungen sind (Symptome sekundärer Neurotisierung).

Achse V: Untersuchung und Angaben zu „aktuellen abnormen psychosozialen Umständen“

Die gutachterliche Stellungnahme setzt eine Untersuchung der psychosozialen Lebensumstände des Kindes voraus. Die einzelnen Beurteilungskriterien sind in der sog. „Achse V“ des multiaxialen Klassifikationssystems (Remschmidt, Schmidt, Poustka 2001) beschrieben und in einem Fallbuch erläutert (Poustka, van Goor-Lambo 2000). Insbesondere ist zu prüfen, inwieweit eine schulische Förderung des Kindes erfolgt ist (Förderkurse seitens der Schule, Nachteilsausgleich, Hausaufgabenhilfe, schulische Fehlzeiten). Das Gutachten soll Stellung zu der Frage nehmen, ob eine außerschulische Behandlung (Legasthenietherapie) erforderlich und geeignet ist, um die Eingliederungsgefährdung zu mindern.

Achse VI: Die „Globalbeurteilung der psychosozialen Anpassung“

Für die Gewährung der Eingliederungshilfe bei Lese-Rechtschreibstörung ist es entscheidend, inwieweit infolge der Legasthenie die psychosoziale Anpassung des Kindes beeinträchtigt ist. Diese Beeinträchtigung sollte sich auf die Kenntnis und Gewichtung folgender Bereiche gründen:

- Beziehung des Kindes mit Legasthenie zu Familienangehörigen, Gleichaltrigen und Erwachsenen außerhalb der Familie
- Bewältigung von sozialen Situationen
- schulische bzw. berufliche Anpassung
- Interessen und Freizeitaktivitäten.

Inzwischen hat es unterschiedliche gerichtliche Urteile zu der Frage gegeben, wann die Kriterien einer drohenden bzw. bestehenden seelischen Behinderung bei umschriebener Lese-Rechtschreibstörung anzunehmen sind. *Demnach reicht die Feststellung einer umschriebenen Lese-Rechtschreibstörung alleine nicht aus, um eine Eingliederungshilfe zu begründen. Vielmehr bedarf es des ausdrücklichen Nachweises einer Eingliederungsgefährdung.*

Somit kommt der abschließenden gutachterlichen Beurteilung eine entscheidende Bedeutung zu.

Grundlage für die abschließende Stellungnahme ist die Summe der multiaxial erfassten Befunde. *Das Gutachten hat festzustellen, inwieweit infolge der Lese-Rechtschreibstörung, die als umschriebene – länger als sechs Monate bestehende – Lese-Rechtschreibstörung nachgewiesen wurde (ICD-10 F 81.0, F 81.1), eine begabungsadäquate Beschulung des Kindes gefährdet ist und/oder inwieweit infolge der Legasthenie eine psychische Störung erwachsen ist, die die soziale Eingliederung bzw. begabungsadäquate Beschulung des Kindes bedroht.* Zu dieser Frage sind inzwischen unterschiedliche Gerichtsurteile erfolgt. Um formalen Schwierigkeiten aus dem Weg zu gehen, empfiehlt es sich, die folgenden Gesichtspunkte zu beachten:

In der Stellungnahme der Fachverbände für Kinder- und Jugendpsychiatrie und Psychotherapie zum KJHG (Zeitschrift für Kinder- und Jugendpsychiatrie und Psychotherapie 23, 219–232, 1995) wurde der *Begriff der (drohenden) seelischen Behinderung folgendermaßen definiert:*

„Die seelische Behinderung oder drohende seelische Behinderung bei Kindern, Jugendlichen und jungen Volljährigen ist eine durch intensive, auch längerfristige ambulante, teilstationäre und/oder stationäre medizinische, insbesondere kinder- und jugendpsychiatrische Behandlung nicht vollständig behebbare Beeinträchtigung des seelischen Befindens, der familiären, sozialen, vorschulischen, schulischen und beruflichen Integration aufgrund einer psychischen Störung von Krankheitswert. Infolge einer seelischen Erkrankung drohen oder bleiben Beeinträchtigungen der altersadäquaten sozialen Beziehungs- und Orientierungsfähigkeit bzw. der begabungsadäquaten Leistungsfähigkeit in einem Ausmaß bestehen, das die Teilnahme am Leben der Gesellschaft wesentlich bedroht oder beeinträchtigt“ (S. 222). Die Eingliederungshilfe erfolgt dann über § 35 a SGB V III. Unter Einbeziehung des Arztes gemäß § 36 KJHG Absatz 3 werden dann Eingliederungsmaßnahmen nach § 39 BSHG den Anspruchsberechtigten zugänglich.

Mit dem Urteil des Verwaltungsgerichts Baden-Württemberg vom 04. 11. 1997 (AZ: 9 S 1462/96; bestätigt durch das Urteil des Bundesverwaltungsgerichts vom 26. 11. 1998, AZ: 5 C 38.97) wurden folgende Feststellungen getroffen: „1.) Seelische Störungen (allein) genügen noch nicht für die Annahme einer seelischen Behinderung; hinzu kommen muss, dass die seelischen Störungen nach Breite, Tiefe und Dauer so intensiv sind, dass sie die Fähigkeit zur Eingliederung in die Gesellschaft beeinträchtigen (§ 35 a Absatz 1 Nr. 3 SGB VIII, § 3 EinglVO). 2.) *Danach ist es rechtlich nicht zu beanstanden, wenn ... beispielhaft als behinderungsrelevante seelische Störung die auf Versagensängsten beruhende Schulphobie*[2]*, die totale Schul- und Lernverweigerung, der Rückzug aus jedem sozialen Kontakt und die Vereinzelung in der Schule angeführt werden.*"

Gemäß dieses Urteils wird eine seelische Behinderung dann als „drohend" zu bewerten sein, wenn nach allgemeiner ärztlicher Erkenntnis mit hoher Wahrscheinlichkeit, „d. h. mit einer Wahrscheinlichkeit von wesentlich mehr als 50 %" der Eintritt der seelischen Behinderung zu erwarten sei" (§ 35 a Absatz 2 Nr. 3 SGB VIII, § 5 Eingliederungsverordnung). Das Urteil blockiert damit unangebrachte Tendenzen, seelische Störungen grundsätzlich mit „Behinderung" gleichzusetzen und damit die Begriffsqualität „Krankheit" im Sinne der Reichsversicherungsordnung zu übersehen.

Denn zunächst gehören die Behandlung psychischer Störungen und somit auch die Diagnostik, die zur Feststellung einer Legasthenie führt, und unter bestimmten Voraussetzungen auch die Therapie der Legasthenie in die Finanzierungsverantwortung der Krankenkassen. Ist allerdings der Fall eingetreten, dass trotz aller schulischen und familiären Bemühungen infolge der Legasthenie eine begabungsadäquate schulische Eingliederung zu scheitern droht oder bereits gescheitert ist oder eine psychopathologische Störung des Kindes infolge der Legasthenie droht oder manifest ist, so besteht Anrecht auf Eingliederungshilfe nach § 35 a SGB VIII, die vom zuständigen Jugendamt nach Antrag der Eltern zu gewähren ist. Dies ist anzunehmen, wenn die Globalbeurteilung der psychosozialen Anpassung (Achse VI) zu dem Ergebnis kommt, dass zumindest eine mäßiggradige Anpassungsstörung infolge der Legasthenie vorliegt.

Dieser Schweregrad ist in jedem Fall gegeben, wenn die Legasthenie mit hoher Wahrscheinlichkeit länger als sechs Monate besteht und aufgrund der Lese-Rechtschreibstörung eine begabungsadäquate Beschulung des Kindes mit Lese-Rechtschreibstörung nicht mehr gewährleistet werden kann oder infolge der Lese-Rechtschreibstörung sich eine psychische Störung ausgebildet hat, so dass es in seiner sozialen Umwelt nicht mehr zu bestehen vermag und deshalb aus der Gemeinschaft droht ausgeschlossen zu werden oder ausgeschlossen wird (z. B. die Fähigkeit, die Schule zu besuchen, nicht mehr gewährleistet ist). Bei erheblicher depressiver Ent-

2 *Anmerkung:* Gemeint ist eine Schulangst; bei der Schulphobie handelt es sich um eine Trennungsangst, die zur Schulverweigerung führt.

wicklung kann es zum völligen Verlust der Interessen und zur Aufgabe von Freizeitaktivitäten kommen. Das chronische schulische Versagen infolge der Lese-Rechtschreibstörung kann zu erheblichen innerfamiliären Erziehungsproblemen und außerhalb der Familie, insbesondere im Schulbereich, zu Störungen im Sozialverhalten mit gravierenden disziplinarischen Schwierigkeiten führen. Dies sind nur einzelne Beispiele, die Anhaltspunkte dafür sein können, wann von einer „mäßigen sozialen Beeinträchtigung" der psychosozialen Anpassung zu sprechen ist.

Die abschließende Stellungnahme im Gutachten fasst die Ergebnisse der sechs Untersuchungsbereiche zusammen. Mit ihr wird festgestellt, inwieweit mit der Lese-Rechtschreibstörung und infolge dieser Störung eine Gefährdung der sozialen Eingliederung vorliegt.

Die Jugendämter erbitten in der Regel zur Entscheidungsfindung ergänzend zu dem ärztlichen Gutachten eine schriftliche Stellungnahme des Klassenlehrers über Schulleistungen und Schülerverhalten, Schulzeugnisse in Kopie und Auskünfte der Schulleitung, ob ein schulischer Förderunterricht angeboten wurde, außerschulische Fördermaßnahmen sich seitens der Schule empfehlen und ob ein Nachteilsausgleich entsprechend der länderspezifischen „Legasthenieerlasse" gewährt worden ist.

Ein Beispiel ist die Arbeitshilfe, die das Stadtjugendamt Würzburg mit Schreiben vom 24. 02. 1997 formuliert hat:

1.) *Die Antragstellung auf Eingliederungshilfe* erfolgt bei dem (der) jeweiligen Sachbearbeiter(in) in der Abteilung Erziehungshilfe, d. h. für die Buchstaben A bis H bei Frau/Herrn … (Tel. …), I bis R bei Frau/Herrn … (Tel. …), S bis Z bei Frau/Herrn … (Tel. …). Für die weitere Prüfung, ob die Anspruchsvoraussetzungen für die Gewährung von Eingliederungshilfe vorliegen, werden folgende *Unterlagen benötigt, die von den Eltern vorgelegt werden müssen:*

- Schulgutachten des/der jeweiligen Klassenlehrers(in) über: a) Schulleistungen, b) Sozialverhalten und Einschätzung der psychischen Beeinträchtigung, c) die letzten beiden Schulzeugnisse in Kopie.
- Bestätigung der Schulleitung, ob Förderunterricht angeboten wird und wenn ja, warum darüber hinaus eine außerschulische zusätzliche Förderung/Therapie notwendig ist. Wenn nein, warum kein Förderunterricht angeboten wird (Begründung). Nach der Bekanntmachung des Bayerischen Kultusministeriums vom 16. 11. 1999 wird auch eine Aussage darüber erfolgen müssen, inwieweit bereits der durch den Legasthenieerlass mögliche Nachteilsausgleich gewährt wird.
- Fachgutachten eines niedergelassenen Kinder- und Jugendpsychiaters oder der Klinik für Kinder- und Jugendpsychiatrie und Psychotherapie, aus dem insbesondere eine Untersuchung zur Abklärung internistischer bzw. neurologischer oder sonstigen Beeinträchtigungen hervorgeht (medizinische Abklärung) und das über Ausmaß und Umfang der seelischen Beeinträchtigung eine Stellungnahme abgibt.

Der Antrag auf Eingliederungshilfe wird danach mit den benannten Unterlagen zur Prüfung bei dem (der) jeweiligen Sachbearbeiter(in) der Abteilung Erziehungshilfe abgegeben. Hier erfolgt eine weitere Beratung der Eltern, welcher Träger im individuellen Einzelfall für die Durchführung der Therapie fachlich am geeignetsten erscheint. Berücksichtigt werden soll das Wunsch- und Wahlrecht der Eltern gemäß § 5 SGB VIII.

In Einzelfällen kann eine Stellungnahme des allgemeinen Sozialdienstes in die Beurteilung einbezogen werden.

Wird der Antrag befürwortet, so wird der Kostenbescheid erlassen. In der Regel werden zunächst bis zu 40 Stunden Therapie bewilligt. Im Bescheid sollten folgende Bedingungen aufgenommen werden:

- Der mit der Durchführung der Therapie beauftragte Träger erstellt innerhalb von sechs Wochen einen Therapieplan (Hilfeplan).
- Zeichnet sich die Notwendigkeit einer über die 40 Stunden hinaus gehenden Therapie ab, muss ein Zwischengutachten unaufgefordert vom Leistungserbringer erstellt werden, damit eine Weitergewährung der Hilfe möglich ist. Sollte eine Therapie über 80 Stunden erforderlich werden, muss das gesamte Antragsverfahren neu angegangen werden.
- Die Rechnung kann vom Jugendamt nur beglichen werden, wenn ein Nachweis der erbrachten Einheiten (Therapiestunden) mit beigefügt ist.

Bei Hilfegewährung nach § 35 a SGB VIII ist gesetzlich keine Kostenbeteiligung der Eltern vorgesehen. Im Einzelfall ergeben sich Fragen, wer die *Kosten für die fachärztlichen Gutachten* zur Vorlage beim Jugendamt übernimmt. Dazu wurde von Vertretern der Sozialverwaltung Würzburg, dem Sprecher der Jugendamtsleiter und ärztlichen Vertretern der Kinder- und Jugendpsychiatrie Vorschläge erarbeitet, die auch von der Konferenz der Hochschullehrer der Kinder- und Jugendpsychiatrie befürwortet wurde. Der Vorschlag sagt aus:

1. Die Diagnostik, die zur Feststellung einer Legasthenie führt, ist eine Krankenkassenleistung.
2. Wenn über den Arztbrief hinaus eine ergänzende Stellungnahme des Facharztes vom zuständigen Kostenträger (z. B. Jugendamt) verlangt wird, übernimmt dieser Kostenträger (also das Jugendamt) die hierfür anfallenden Kosten. Die Kosten für eine „ärztliche Bescheinigung“, die nachträglich zu einer gewöhnlichen ärztlichen Untersuchung, die durch die Krankenkasse finanziert ist, vom Arzt ausgestellt wird, betragen DM 130,–.
3. Erfolgt die Untersuchung zur Begutachtung hinsichtlich Eingliederungshilfe nach § 35 a SGB VIII auf Antrag des Jugendamtes, so ist der Auftraggeber, also das Jugendamt, als Kostenträger zuständig. In diesem Falle ist zu prüfen, ob die Aufwendungen für die Untersuchung des Kindes einer Krankenkasse in Rechnung gestellt werden können, weil es sich um einen behördlichen Gutachtenauftrag handelt. Für die gutachterliche Untersuchung wird den Jugendämtern eine Kostenpauschale von DM 500,– in Rechnung gestellt.
4. Ersuchen Eltern aus eigenen Stücken um ein Gutachten, tragen sie die Kosten solcher Gutachten nach den ärztlichen Gebührenordnungen (EBM, GOÄ) selbst.

6 Schulrechtliche Regelungen und Begutachtung – „Legasthenie-Erlasse"

Für die Bundesrepublik gilt länderübergreifend die Empfehlung der Kultusministerkonferenz vom 20. 04. 1978. Die meisten Bundesländer haben daraus kultusministerielle Verordnungen zur Förderung von Kindern mit Schwierigkeiten im Erlernen des Lesens, Schreibens und Rechnens abgeleitet.

Die in den einzelnen Bundesländern aktuell geltenden Richtlinien („Legasthenieerlasse") sind von den Schul- bzw. Kultusministerien der einzelnen Länder und auch über den Bundesverband Legasthenie (Königstr. 32, 30175 Hannover, Tel. 05 11 / 31 87 38, Fax. 05 11 / 31 87 39, homepage: *www.legasthenie.net*) bzw. seine Orts- und Landesverbände zu erfahren.

Die Länder Berlin, Brandenburg, Hamburg, Sachsen, Sachsen-Anhalt und Thüringen haben gegenwärtig keine spezifischen Erlasse. In den Ländern Sachsen, Sachsen-Anhalt und Thüringen sowie in Freiburg und Karlsruhe gibt es für Kinder mit extremer Lese-Rechtschreibstörung sog. „LRS-Klassen". In Hamburg hat der Senat Empfehlungen für die Schulen herausgegeben mit dem Ziel, dass allen Grundschulkindern, die in Lese- und Rechtschreibverfahren nicht über einen Prozentrang von 5 hinauskommen, schulischen Fördermaßnahmen zugeführt werden.

Die „Legasthenieerlasse" (Verordnungen oder Bekanntmachungen) der einzelnen Bundesländer sehen vor, dass bei „anerkannter Legasthenie" Dikate nicht benotet werden, wenn die Note schlechter als ausreichend ist und Rechtschreibfehler nicht nachteilig in die Notenbewertung einbezogen werden, wenn die Rechtschreibung selbst nicht Prüfungsgegenstand ist. Die Lese-Rechtschreibstörung darf kein ausschließlicher Grund für eine Nichtversetzung sein und auch nicht den Übergang in eine weiterführende Schule verhindern. Zur innerschulischen Hilfe werden Förderkurse vorgeschlagen. Lehrerfortbildungen sind dazu eingerichtet. In Mecklenburg-Vorpommern wurde ein spezifisches Weiterbildungs-Curriculum für Lehrer, die sich für die pädagogische Betreuung von Kindern mit Lese-Rechtschreibstörung besonders qualifizieren, entwickelt (Kultusministerium Mecklenburg-Vorpommern, 1998). Ein „Ländervergleich" hinsichtlich des Legasthenieerlasses lässt folgende zusammenfassende Feststellung zu.

6.1 Hessen: Richtlinien zur Förderung von Schülern mit besonderen Schwierigkeiten beim Lesen, Schreiben und Rechtschreiben

Feststellung

Der *Klassenlehrer oder Fachlehrer für Deutsch* ist in der Grundstufe für die Feststellung besonderer Lese- und/oder Rechtschreibschwierigkeiten verantwortlich.

Gezielte Untersuchungen sind – falls der Klassenlehrer oder Fachlehrer nicht dazu in Lage ist – von *fachkundigen Lehrern* (Förderkurslehrer, Sonderschullehrer), *ggf. von den Schulpsychologen* und/oder *Schularzt* durchzuführen.

In besonderen Fällen kann den Erziehungsberechtigten empfohlen werden, ohrenärztliche, augenärztliche und andere fachärztliche Spezialuntersuchungen durchführen zu lassen.

Ausgenommen sind:
- Schüler, bei denen eine umfassende Lernbehinderung oder eine geistige Behinderung vorliegt.
- Schüler, deren besondere Sinnes-, Sprach- oder Körperbehinderung einen hinreichenden Schriftspracherwerb erschwert.
- Schüler anderer Muttersprache, deren Schwierigkeiten aus zu geringer Kenntnis der deutschen Sprache herrühren.

Leistungsbewertung

Keine Leistungsbewertung erfolgt bis zur Jahrgangsstufe 10.

Schriftliche Arbeiten zur Festigung der Rechtschreibsicherheit (z. B. Diktate) werden *nicht benotet*. Es sei denn, der Schüler hat eine mindestens mit der Note „ausreichend“ zu bewertende Leistung erbracht.

Bei anderen schriftlichen Arbeiten werden die Fehler der Rechtschreibung nicht mitbewertet. *Dies gilt auch für die Fremdsprachen.*

Die Zeugnisnoten im Fach Deutsch und in den Fremdsprachen enthalten keine Bewertung von Leistungen im Lesen und/oder Rechtschreiben. Eine entsprechende verbale Aussage erfolgt im Zeugnis unter „Bemerkungen“.

Besondere Schwierigkeiten beim Lesen, Schreiben und Rechtschreiben sind allein *kein hinreichender Grund für eine Nichtversetzung*, die *Einweisung in eine Sonderschule oder die Verweigerung des Übergangs in eine weiterführende Schule.*

Abgangs- und Abschlusszeugnis werden nach den für alle Schüler geltenden Bestimmungen erteilt.

Fördermaßnahmen

Entscheidung über *Art, Umfang und Dauer der Förderung* eines Schülers trifft die *Klassenkonferenz* mit dem Schulleiter im Rahmen der geltenden Bestimmungen unter Berücksichtigung evtl. vorliegender Fachgutachten.

Eingerichtete *Förderkurse* sind *verbindliche Veranstaltungen* der Schule.

Es sei davon auszugehen, dass durch die gezielte Förderung in den Jahrgangsstufen 1 bis 6 Schwierigkeiten im Lesen, Schreiben und Rechtschreiben im Wesentlichen behoben sind.

Trotzdem könnten auch noch von Klasse 7 an bei einzelnen Schülern vorübergehend oder auch längerfristig besondere Lese- und/oder Rechtschreibschwierigkeiten bestehen oder neu auftreten.

Lehrerfortbildung

Sorgfältige Vorbereitung der Lehrer, die ein erstes Schuljahr übernehmen.

Regelmäßiger Erfahrungsaustausch während der gesamten Dauer des Erstlese- und Erstschreibprozesses in Jahrgangs- und Gesamtkonferenzen. Fortbildung zu Kenntnis und Verständnis der Problematik von Schülern mit Lese- und/oder Rechtschreibschwierigkeiten (u. a. legasthenen Störungen).

Auch für die Deutschlehrer der Mittelstufe sei die Teilnahme an Veranstaltungen in der Lehrerfortbildung über Methoden des Schriftspracherwerbs und die Problematik von Schülern mit besonderen Lese- und/oder Rechtschreibschwierigkeiten empfehlenswert.

6.2 Mecklenburg-Vorpommern: Richtlinie zur Förderung von Schülern mit Lese-Rechtschreibschwierigkeiten und einer förmlich festgestellten Legasthenie

Feststellung

- *im 2. Halbjahr der Klassenstufe 2*:
  Erfassung von *Schülern mit einer deutlich geminderten Lese-Rechtschreibleistung* durch den Grundschullehrer in Zusammenarbeit mit dem *LRS-Beratungslehrer*. Über die Aufnahme in LRS-Klassen und die Förderung entscheidet das Schulamt.

- in der *Klassenstufe 4*:
  die *förmliche Anerkennung einer Legasthenie* erfolgt *durch das Schulamt*

Die Diagnose gliedert sich in drei Untersuchungsbereiche:
1) Intelligenzdiagnostik
2) Erhebung der Primärsymptomatik (z. B. Lese- und Rechtschreibprobe) und Sekundärproblematik (Verhaltensauffälligkeiten, Motivation, Arbeitsweise etc.)
3) Ärztliche Untersuchung (Anamnese, Sinnesbehinderungen, ggf. primäre psychische oder neurologische Erkrankung).

In schwierigen Fällen der Abgrenzung zur Intelligenzminderung (Primärsymptomatik) und zur Verhaltensstörung (Sekundärsymptomatik) ist eine Differentialdiagnostik vorzunehmen. Sie ist an dafür spezialisierten Einrichtungen und an entsprechenden Sonderschulen in enger Zusammenarbeit von Kinder- und Jugendpsychiatern, klinischen Psychologen und Sonderschulpädagogen durchzuführen.

Leistungsbewertung

• *Klassenstufe 2 bis 4*

– An vorbereiteten schriftlichen Übungen und Übungsdiktaten nehmen diese Schüler teil, ihre Ergebnisse sind jedoch differenziert und verbal zu bewerten.
– Bei der Bewertung von Aufsätzen und anderen schriftlichen Arbeiten bleibt die *Rechtschreibleistung in der Gesamtnote unberücksichtigt.*
– *Im Zeugnis:*
Wenn die Lese- und/oder Rechtschreibleistung mit mangelhaft oder ungenügend bewertet werden müsste, erscheint die Zensur nicht im Zeugnis. Statt dessen wird in dem Zeugnis vermerkt: *„Die Rechtschreibleistungen entsprechen nicht den Anforderungen und sind in der Deutschnote nicht enthalten."* Auf Wunsch der Erziehungsberechtigten kann auf diese Regelung verzichtet werden.
Auf den Zeugnissen der Klassenstufe 4 ist das Vorliegen einer anerkannten Legasthenie festzuhalten und mit einem Vermerk über den bisherigen Fördererfolg zu ergänzen.

• *Klassenstufe 5 und 6*

– Diktate von Schülern mit einer förmlich anerkannten Legasthenie werden entsprechend dem individuellen Lernfortschritt verbal bewertet. Dies gilt nur solange, bis durchgehend mindestens mit „ausreichend" zu bewertende Rechtschreibleistungen erzielt worden sind. Bei Aufsätzen, Mathematikarbeiten und Arbeiten in Sachfächern sind *Rechtschreibleistungen bei diesen Schülern nicht mitzubewerten. Ebenso* ist bei der Bewertung von Arbeiten *im Bereich der Fremdsprachen* zu verfahren.

– Leistungsschwächen, die sich aufgrund einer förmlich festgestellten *Legasthenie* ergeben, aber sonst mit Leistungen verbunden sind, die dem Besuch der Realschule oder des Gymnasiums genügen, sollen *kein Grund* sein, *den Besuch dieser weiterführenden Schularten abzulehnen.*

- *Ab Klassenstufe 7:*

– Bei Schülern mit einer förmlich festgestellten Legasthenie ist *bis einschließlich Klassenstufe 7, auf Antrag der Eltern auch in den Klassenstufen 8 bis 10,* zusätzlich im Zeugnis zu vermerken: „Bei ... wurde eine Lese-Rechtschreibschwäche (Legasthenie) förmlich festgestellt.“
– *Die Bewertung der Rechtschreibleistung erfolgt in diesem Falle nicht.*

Förderung

Klassenstufe 2–4: bei Verdacht auf Vorliegen einer Lese-Rechtschreibschwäche soll eine besondere *Fördergruppe außerhalb der Regelklasse* eingerichtet werden.
– Für Schüler mit einer besonders schweren Lese-Rechtschreibschwäche können *LRS-Klassen* der Klassenstufe 2 eingerichtet werden.
– Schüler, die aus LRS-Klassen der Klassenstufe 2 und 3 in eine Regelschulklasse übernommen werden, sind weiterhin durch LRS-Beratungslehrer zu betreuen.
– Die Durchführung von *Lese- und Rechtschreibintensivkursen* ist *in Einzelfällen* möglich.

Spezialeinrichtungen

In schwierigen Abstimmungsfällen hinsichtlich der Diagnose und/oder Therapie einer Legasthenie sind die spezialisierten Einrichtungen in Greifswald, Rostock und Neubrandenburg einzubeziehen.

6.3 Schleswig-Holstein: Erlass zur Förderung von Schülern mit Lese-Rechtschreibschwäche (Legasthenie)

Feststellung

- *ab Klasse 4*:

Überprüfung einer Legasthenie durch einen *dafür qualifizierten Lehrer*; ebenfalls anerkannt werden ein durch einen *Diplompsychologen* oder einen *Arzt für Kinder- und Jugendpsychiatrie* erstelltes Gutachten;

- Die förmliche Feststellung einer Legasthenie erfolgt durch die Schulaufsichtsbehörde.
- Feststellung auch in *Klasse 5 und 6* und *nach der Orientierungsstufe* möglich.
- An Gymnasien erfolgt die förmliche Feststellung einer Legasthenie durch das Kultusministerium.
- *Von den Bestimmungen sind ausgenommen die Oberstufe des Gymnasiums, das Fachgymnasium und Fachschulen, sofern diese über den Realschulabschluss hinausführen.*

Leistungsbewertung

Diktate werden *statt der Note* entsprechend dem individuellen Lernfortschritt des Schülers *verbal beurteilt.*
- Bei der Bewertung von Aufsätzen und anderen schriftlichen Arbeiten bleibt *die Rechtschreibleistung in der Gesamtnote unberücksichtigt.* Dies *gilt auch für Fremdsprachen.*
- Nach der Orientierungsstufe wird die Rechtschreibleistung nur solange nicht bewertet, bis durchgehend mindestens mit „ausreichend“ zu bewertende Rechtschreibleistungen erzielt werden.
- Bei Schülern mit einer förmlich festgestellten Lese-Rechtschreibschwäche (Legasthenie) ist bis *einschließlich Klassenstufe 7, auf Antrag der Eltern auch in den Klassenstufen 8 bis 10*, zusätzlich im Zeugnis zu vermerken: „Bei … wurde eine Lese-Rechtschreibschwäche (Legasthenie) förmlich festgestellt.“

Förderung

• *1. Klassenstufe bis einschließlich 6. Klassenstufe:*
Schüler mit Schwierigkeiten im Lesen und Schreiben: Förderstunden außerhalb des Klassenunterrichts in Kleingruppen sind vom Deutschlehrer selbst zu erteilen; Förderunterricht soll ggf. auch die 1. Fremdsprache einbeziehen.

• *nach der Orientierungsstufe:*
Ende der schulischen Förderung; keine Leistungsbewertungen der Rechtschreibung in Deutsch und bei schriftlichen Arbeiten.

Allgemeine Bestimmungen

- Eltern sind über LRS zu informieren
- An jeder Schule mindestens ein Lehrer, der zuständig ist für Fragen zur LRS
- Fortbildungsveranstaltungen zu LRS.

6.4 Bayern: Förderung von Schülern mit besonderen Schwierigkeiten beim Erlernen des Lesens und Rechtschreibens

Für Bayern ist mit der Bekanntmachung vom 16. 11. 1999 durch das Staatsministerium für Unterricht und Kultus eine bundesweit vorbildliche Regelung getroffen worden. Die Bekanntmachung bezieht sich auf die diagnostischen Voraussetzungen und die innerschulischen Fördermaßnahmen für Schüler mit besonderen Schwierigkeiten beim Erlernen des Lesens und Rechtschreibens. Die Bekanntmachung ist durch die Mitteilung vom 09. 08. 2000 (AZ IV/1-7306/4-4/55382) ergänzt worden. Mit der Bekanntmachung wurden langjährige Forderungen der Deutschen Gesellschaft für Kinder- und Jugendpsychiatrie und Psychotherapie sowie des Bundesverbandes Legasthenie weitestgehend erfüllt. Die Gewährung des Nachteilsausgleichs, wie sie die Bekanntmachung vorsieht, setzt eine ärztliche Diagnose voraus, die grundsätzlich von einem Facharzt für Kinder- und Jugendpsychiatrie und Psychotherapie zu stellen ist. Befunde anderer Facharztgruppen oder von Schulpsychologen, approbierten psychologischen Psychotherapeuten und approbierten Kinder- und Jugendlichenpsychotherapeuten oder von Erziehungsberatungsstellen können, sofern die dazu erforderlichen Zusatzqualifikationen durch entsprechende Weiter- bzw. Fortbildung erworben wurden, herangezogen werden. Analog zur Gewährung der Eingliederungshilfe, wo die letzte Entscheidungskompetenz beim zuständigen örtlichen Jugendamt liegt, ist für die Entscheidung zur Gewährung des schulischen Nachteilsausgleichs entsprechend der Bekanntmachung vom 16. 11. 1999 der zuständige Schulpsychologe verantwortlich. Dessen Zustimmung ist die Voraussetzung für die Gewährung der schulischen Hilfen. Die wesentlichen Inhalte der Bekanntmachung sind in Tabelle 4 zusammengefasst.

Die Bekanntmachung unterscheidet:
- *Schüler mit Lese- und Rechtschreibstörung:* Schüler mit „Legasthenie“ gemäß ICD-10 F 81.0 (umschriebene Lese-Rechtschreibstörung) und F 81.1 (umschriebene Rechtschreibstörung).
- *Schüler mit einer vorübergehenden Lese- und Rechtschreibschwäche*, die z. B. infolge einer psychischen Erkrankung oder eines Schulwechsels vorübergehend in der schriftsprachlichen Entwicklung den Anschluss an die Klassenleistung verloren haben.
- *Schüler mit sonderpädagogischem Förderbedarf*: Dies betrifft Schüler, die im Rahmen einer allgemeinen Intelligenzminderung Schwierigkeiten im Erlernen des Lesens und Rechtschreibens haben und die in der Regel in einer Sonderschule für Schüler mit Lernbehinderung (individuelle Lernförderung) oder geistigen Behinderung (individuelle Lebensbewältigung) beschult werden.

Wichtig ist, dass für die Gewährung der schulischen Hilfen und des Nachteilsausgleichs allein die Diagnose ausreicht, dass eine Lese-Rechtschreibstörung vorliegt. Im Unterschied zur Eingliederungshilfe nach § 35 a SGB VIII ist die Gewährung der Hilfen und des Nachteilsausgleichs nicht davon abhängig, ob eine seelische Behinderung droht oder eingetreten ist.

Tabelle 4:
Inhalt der Bekanntmachung vom 16. 11. 1999 des Bayerischen Staatsministeriums für Unterricht und Kultus

Lese- und Rechtschreibstörung (Legasthenie)	Lese- und Rechtschreibschwäche
Feststellung: Facharzt für Kinder- und Jugendpsychiatrie und Psychotherapie; bei entsprechender Qualifikation können seitens der zuständigen Schulpsychologen auch Befunde entsprechend qualifizierter Fachärzte, Erziehungsberatungsstellen, approbierten psychologischen Psychotherapeuten und approbierten Kinder- und Jugendlichenpsychotherapeuten einbezogen werden. Die Feststellung, ob die Diagnose der Lese-Rechtschreibstörung vorliegt und somit die Bestimmungen zum Nachteilsausgleich für den Schüler mit Legasthenie gültig werden, trifft der zuständige Schulpsychologe.	*Feststellung:* Schulpsychologe; eine Einbeziehung anderweitiger diagnostischer Feststellungen ist nicht notwendig.
Die fachärztliche Bescheinigung entspricht einer Befundmitteilung, dass eine Legasthenie auf der Grundlage der multiaxialen Diagnostik festgestellt wurde. Die ärztliche Befundmitteilung, die nicht den formalen Rang eines „Gutachtens“ haben muss, ist beim Übertritt in eine weiterführende Schule neu auszustellen bzw. zu bestätigen.	*Die schriftliche Feststellung* der Lese- und Rechtschreibschwäche, die durch den örtlich zuständigen Schulpsychologen erfolgt, ist im Abstand von höchstens zwei Jahren durch den Schulpsychologen zu überprüfen.

Für alle betroffenen Schüler mit anerkannter Lese- und Rechtschreibstörung und Lese- und Rechtschreibschwäche sind folgende Hilfen möglich. Für Schüler mit Rechtschreibstörung *müssen* die Hilfen gewährt werden („Muss-Bestimmung“), für Schüler mit Rechtschreibschwäche *können* die Hilfen gewährt werden („Kann-Bestimmung“).

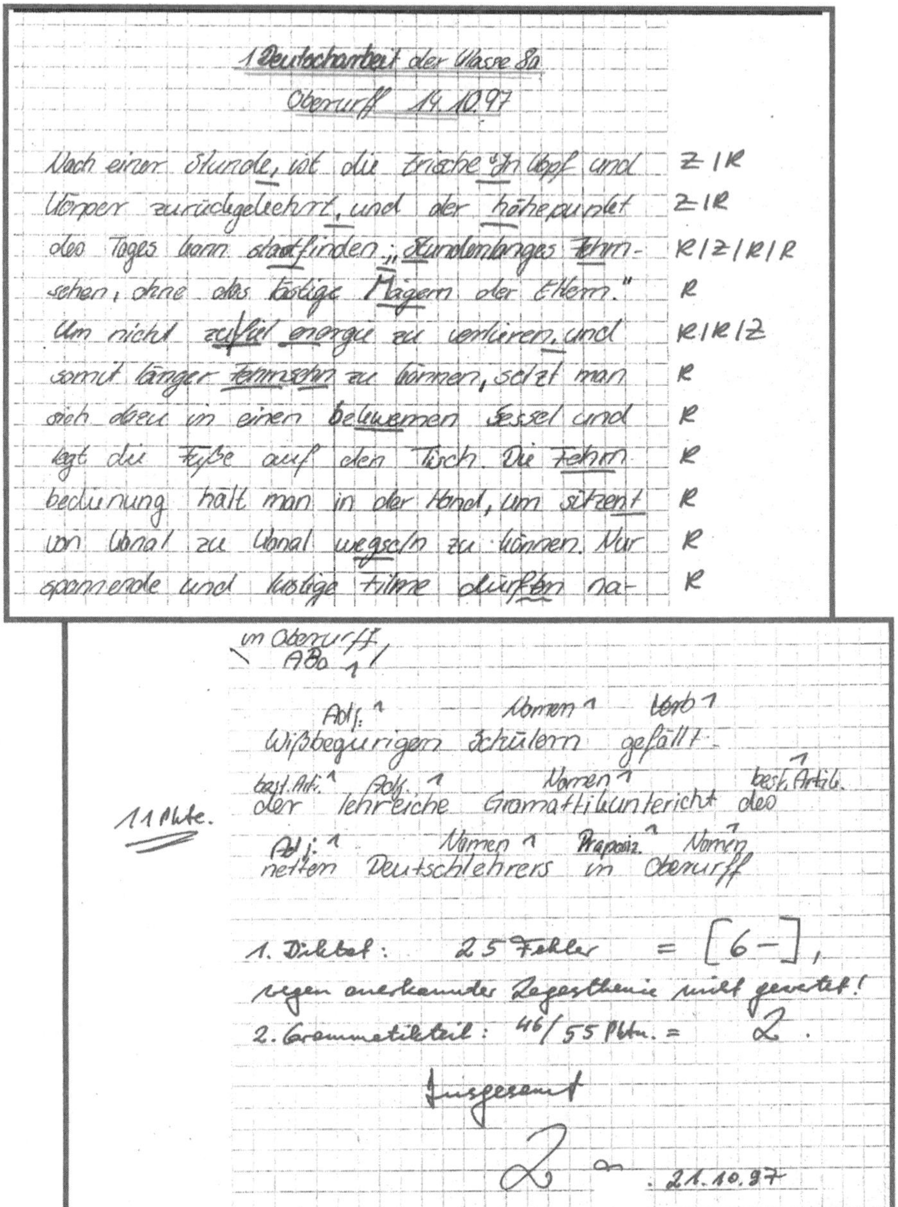

1. Deutscharbeit der Klasse 8a
Oberurff 14.10.97

Nach einer Stunde, ist die Frische in Kopf und Körper zurückgekehrt, und der höhepunkt des Tages kann stadtfinden: „Stundenlanges Fern-sehen, ohne das lästige Nögern der Eltern." Um nicht zuviel energie zu verlieren, und somit länger Fernsehn zu können, setzt man sich dazu in einen bekuemen Sessel und legt die Füße auf den Tisch. Die Fern-bedienung hält man in der Hand, um sitzent von Kanal zu Kanal wegseln zu können. Nur spannende und lustige Filme dürften na-

Z/R Z/R R/Z/R/R R R/R/Z R R R R R R

in Oberurff. ABa 1

Adj. 1 Nomen 1 Verb 1
Wißbegurigen Schülern gefällt.
best. Art. 1 Adj. 1 Nomen 1 best. Artik. 1
der lehrreiche Gramatikunterricht des
Adj. 1 Nomen 1 Präposiz. 1 Nomen 1
netten Deutschlehrers in Oberurff

11 Pkte.

1. Diktat: 25 Fehler = [6–],
wegen anerkannter Legasthenie nicht gewertet!
2. Grammatikteil: 46/55 Pkte. = 2.

Insgesamt
2 – 21.10.97

Abbildung 10:
Nachteilsausgleich.

Deutscharbeit einer Schülerin in der 8. Klasse des Gymnasiums. Die Diktatleistung war ungenügend, die Leistung im Grammatikteil gut. Dies ist ein gutes Beispiel eines Nachteilsausgleichs.

Tabelle 4: (Fortsetzung)

Lese- und Rechtschreibstörung		
Fördermaßnahmen	**Nachteilsausgleich**	
	Hilfsmaßnahmen	**Leistungsbewertung**
Innere Differenzierung im schulischen Unterricht beim Schriftspracherwerb, Rechtschreiben und Sprachübungen sowie *Förderstunden* durch Klassenlehrer (in der Stundentafel ausgewiesen). Ab 2. Jahrgangsstufe klassenübergreifende Stütz- und Förderkurse bis einschließlich 10. Jahrgangsstufe. Besonderer Förderunterricht kann eingerichtet werden (VSO § 10 Absatz 4, Nr. 1). Zusammenarbeit mit den Erziehungsberechtigten, Information über Fördermaßnahmen, Beratung über außerschulische Fördermöglichkeiten	Bei Leistungsfeststellung ist in allen Fächern ein *Zeitzuschlag* bis zu 50 % zu gewähren. *Mündliches* Abfragen *Vorlesen* von Aufgaben Mediale Hilfen Mündliches Erarbeiten von neuem Lernstoff	*Verzicht auf Leistungserhebungen* für Rechtschreibkenntnisse *Keine Benotung der Rechtschreibung* bei schriftlichen Arbeiten (z. B. Aufsatz) Keine Benotung der Rechtschreibung in anderen Fächern und auch nicht bei Fremdsprachen Gewichtung mündlicher und schriftlicher Noten sind bei Fremdsprachen im Verhältnis 1:1 zu werten. *Zeugnisbemerkung:* „Aufgrund einer fachärztlich festgestellten Legasthenie wurden Rechtschreibleistungen nicht bewertet“.

Für Vorrücken, Übertritt in weiterführende Schulen und Abschlusszeugnisse gelten in Bayern folgende Regelungen:

- Über das *Vorrücken* von Schülern, deren Leistungsstand im Fach Deutsch (in weiterführenden Schulen auch in der Fremdsprache) aufgrund einer Legasthenie oder Lese-Rechtschreibschwäche den Anforderungen der Jahrgangsstufe nicht entsprechen, entscheidet die Schule in pädagogischer Verantwortung. Die Lese-Rechtschreibstörung darf nicht den Ausschlag geben für das Versagen der Erlaubnis zum Vorrücken.
- Beim *Übertritt in die Hauptschule* erfolgt Hinweis für die aufnehmende Schule auf das Vorliegen einer Lese-Rechtschreibstörung bzw. einer Lese-Rechtschreibschwäche und eine Information über den individuellen Entwicklungs- und Leistungsstand im Lesen und/oder Rechtschreiben.

- Beim *Übertritt in das Gymnasium, Realschule oder die Wirtschaftsschule* dürfen Legasthenie und Lese-Rechtschreibschwäche bei sonst angemessenen Leistungen kein Grund sein, einen Schüler vom Übertritt auszuschließen. Sie sollten jedoch nur dann übertreten, wenn Aussichten bestehen, dass sie an der gewählten Schulart mit Erfolg am Unterricht teilnehmen können. Der Hinweis erfolgt wie beim Übertritt in die Hauptschule. Bei Probeunterricht erfolgt die Leistungsbewertung im Fach Deutsch sinngemäß wie bei der Deutschnote (keine Bewertung der Rechtschreibung).
- Die *Noten für das Abschlusszeugnis* erfolgen gemäß der jeweiligen Schulordnung nach den für alle Schüler geltenden Bestimmungen. Bei der Deutschnote wird von einer Bewertung der Rechtschreibleistung abgesehen. Bei Berücksichtigung der Legasthenie in der Zeugnisbenotung wird folgende Zeugnisbemerkung angefügt: „Aufgrund einer fachärztlich festgestellten Legasthenie wurden Rechtschreibleistungen nicht bewertet."

Eine Überprüfung der Lese- und Rechtschreibfähigkeit kann jederzeit durch hierzu befähigte Fachkräfte mit Hilfe standardisierter Testverfahren und unter Einbeziehung des Urteils der Fachkräfte der Schule durchgeführt werden. Auf der Grundlage der Empfehlungen des Schulpsychologen entscheidet die Schule dann gemeinsam mit dem Schüler und dessen Eltern über das Ausmaß eines weiteren Nachteilsausgleichs. Es ist nicht möglich, Hilfsmaßnahmen zum Nachteilsausgleich in jährlichem Wechsel in Anspruch zu nehmen oder nicht. Eine einmal getroffene Entscheidung gilt für die gesamte Zeit in der entsprechenden Schulart, also für die gesamte Grundschulzeit oder für die gesamte Zeit in einer weiterführenden Schulart. *Lediglich beim Wechsel in die gymnasiale Oberstufe hat der Schüler selbst die Möglichkeit, die bislang von seinen Eltern getroffene Entscheidung zu revidieren. Dies gilt auch für Schüler an Haupt-, Real- oder Wirtschaftsschulen, deren festgestellte Legasthenie über die Jahrgangsstufe 8 hinaus anerkannt und in der Schule berücksichtigt werden soll.*

Kosten der Gutachten: Es ist zu unterscheiden zwischen einem „Gutachten" und einer „Bescheinigung". Der Facharzt, dem ein Kind mit Auffälligkeiten vorgestellt wird, führt eine Untersuchung durch. Die Untersuchung wird von den Krankenkassen bezahlt. Über das Ergebnis der Untersuchung stellt der Facharzt eine fachärztliche Bescheinigung aus, die im Regelfall (vergleichbar einem Attest) etwa 30,– DM kostet. Die Kosten dieser Bescheinigung tragen die Eltern. Sollte aus der Untersuchung die Erkenntnis gewonnen werden, dass eine weiterführende Therapie erforderlich ist, so erstellt der Facharzt ein Gutachten. Die Kostenübernahme regelt sich nach den Ausführungen in Kapitel 5. Das *Muster zur „ärztlichen Bescheinigung"* der Lese-Rechtschreibstörung ist im *Anhang 1*, ein Muster für die schulpsychologische Bescheinigung einer Legasthenie bzw. einer Lese- und Rechtschreibschwäche ist in *Anhang 2* zu finden. Ein Muster für die ärztliche Begutachtung zur Eingliederungshilfe nach § 35 a SGB VIII findet sich in *Anhang 3*.

6.5 Die schulischen Regelungen in Österreich

Das Schulunterrichtsgesetz in Österreich sieht keine Sonderregelungen zur Leistungsbeurteilung für Schüler mit Rechtschreibstörungen vor. Allerdings sind schulische Hilfestellungen grundsätzlich durch sog. Legastheniekurse möglich. Nach § 25 Absatz 6 des Schulorganisationsgesetzes können bei Bedarf „therapeutische und funktionelle Übungen“ eingerichtet werden.

Nach Auskunft des Bundesministeriums für Unterricht und kulturelle Angelegenheiten vom 02. 06. 1998 gibt es Förderkurse von einer Wochenstunde für die Kinder der Grundschule und teilweise auch für die Sekundarschüler. Die Regelungen werden jedoch regional in Österreich sehr unterschiedlich gehandhabt. Spezielle Schulen oder Klassen für Kinder mit Legasthenie gibt es nicht. Ein Unterricht in sog. „Integrationsklassen“ kann jedoch nach dem Sonderschullehrplan stattfinden. Volksschullehrer können eine sonderpädagogische Zusatzausbildung mit dem Teilbereich „ … unter besonderer Berücksichtigung der Legasthenie“ absolvieren. *Für die Stadt Wien* liegt ein Erlass des Stadtschulrates für die allgemeinbildenden höheren Schulen vor (ZI: 240.120/4-1998). Die dortigen Richtlinien sehen eine „Berücksichtigung legastheniebedingter Fehler in der Leistungsbeurteilung“ vor. Die Verordnung über die Leistungsfeststellung müsse grundsätzlich so interpretiert werden, dass „Schreibrichtigkeit“ an letzter, also an vierter Stelle der zu berücksichtigenden Kriterien genannt wird. Das gibt auch Aufschluss über das Gewicht dieses Kriteriums. Mündliche Leistungen seien für die Gesamtbeurteilung im Pflichtfach Deutsch „wie auch in den lebenden Fremdsprachen“ gleichrangig zu den schriftsprachlichen Leistungen zu bewerten. Schülern mit Lese-Rechtschreibstörung sei „Gelegenheit zu geben, diese Schwäche durch Stärken in anderen Teilbereichen (Referate, Projektpräsentationen …) auszugleichen.“ Die mündliche Prüfung sollte nicht auf die Überprüfung derselben Schwächen hinauslaufen, die sich im schriftlichen Sprachbereich gezeigt hätten (z. B. durch Diktat an der Tafel). Die Richtlinien formulieren sehr konkret Empfehlungen für den Rechtschreibunterricht. So solle lautes Lesen von dem Schüler nur freiwillig abverlangt werden. Die Begutachtung zur Anerkennung einer Legasthenie wird in Österreich durch Schulpsychologen oder private psychologische Praxen durchgeführt. An jeder Schule sollte sich zumindest ein zur Legasthenieförderung ausgebildeter Lehrer befinden.

Für die Schweiz gibt es nach den verfügbaren Auskünften keine allgemeinen schulischen Regelungen zur Legasthenie.

7 Behandlung

Die Hilfestellung in Vorsorge und Therapie beinhaltet folgende Ansatzpunkte:
- Die Elternberatung und familienorientierte Maßnahmen
- Die Beratung des Kindes mit Legasthenie und die Legasthenietherapie
- Die Hilfe in Schule und im Beruf
- Schulrechtliche und sozialrechtliche Hilfen
- Prävention

7.1 Welche Erwartungen zur Therapie sind realistisch?

Nach Feststellung der Diagnose ergibt sich sofort die Frage: „Wie kann geholfen werden?" Das Kapitel ist hierzu ein Wegweiser. *Einige Grundsätze sind Voraussetzung* zum Verständnis von Aussagen zur Legasthenietherapie:
- Hilfe ist möglich und sie ist notwendig; fast alle Personen mit Legasthenie lernen ausreichend zu lesen und verständlich zu schreiben.
- Bislang gibt es keine vorschulische Prävention, die sicherstellt, dass sich bei einem Schulkind eine umschriebene Lese-Rechtschreibstörung nicht doch ausbildet, aber das Risiko kann deutlich verringert werden (s. Kap. 8).
- Bislang gibt es kein Therapieverfahren, das für sich in Anspruch nehmen kann, in jedem Einzelfall eine Heilung zu bewirken.
- Therapieverfahren, die eine systematische Einübung von Lesen und Rechtschreiben beinhalten, können grundsätzlich Lesen und Rechtschreiben verbessern; dazu trägt auch ein fortgesetzter schulischer Unterricht bei, der den Schüler zu Lesen und Rechtschreiben anhält.
- In der Regel jedoch erreichen Personen mit Legasthenie trotz optimaler schulischer Unterrichtung und auch Lese-Rechtschreibtherapie nicht die gleiche Lese-Rechtschreibfähigkeit wie Personen, die nicht von einer Legasthenie betroffen sind; dies ist auch nicht notwendig, solange das Lesen überhaupt und die Rechtschreibfähigkeit ausreichend oder auch nur mangelhaft erlernt werden.
- Die Legasthenie lässt sich nicht einfach „wegtherapieren"; wenn Heilung im Schnellkursverfahren versprochen wird, so ist dies unredlich.

Die Frage der Hilfe ist also immer wieder sehr nüchtern anzugehen. Die Hilfe ergibt sich aus einem kooperativen Zusammenwirken von betroffenem Kind mit Legasthenie, den Eltern, der Schule und den Fachkräften, die zur Prävention und Behandlung der Legasthenie beitragen.

7.2 Elternberatung – familienorientierte Hilfe

7.2.1 Die Beratung im Erstgespräch: Was müssen Eltern und Kind zunächst wissen?

Wenn die Diagnose gestellt ist, so sind im Gespräch mit Kind und Eltern drei Ziele vorrangig:
1.) Die Erklärung der Diagnose
2.) Die Information über die möglichen Hilfen
3.) Die Entscheidung über das weitere Vorgehen.

7.2.2 Die Erklärung der Diagnose

Das Verständnis für die Schwierigkeiten des Kindes ist die größte Hilfe, die gegeben werden kann. Daher ist die Erklärung der Diagnose ausschlaggebend wichtig. Folgende Kernsätze sollten vermittelt sein:
- Die Lese-Rechtschreibstörung (Legasthenie) ist eine umschriebene Lernschwierigkeit. Die genaue Ursache kennen wir noch nicht. Es ist eine Veranlagung, bei der wahrscheinlich meistens genetische Einflüsse eine Rolle spielen oder ganz ausschlaggebend sind. Natürlich sind eine gute Hausaufgabenbetreuung, eine qualifizierte Lese-Rechtschreibunterrichtung, eine allgemeine Unterstützung der Bedürfnisse und Begabungen des Kindes eine Hilfe zum allgemeinen Lernvermögen und somit auch für das Erlernen von Schriftsprache wichtig.
- Die Legasthenie ist nicht das Ergebnis allgemeiner Intelligenzminderung des Kindes. Sie ist nicht das Ergebnis von Faulheit, falscher elterlicher Erziehung und auch nicht durch schlechten Lese-Rechtschreibunterricht erklärt. Legasthenie ist keine Frage der Schuld des Kindes, der Eltern oder der Lehrer. Aber das Kind mit Legasthenie ist auf Verständnis und Unterstützung insbesondere von Eltern und Lehrern angewiesen.

7.2.3 Erste Ratschläge zum elterlichen Verhalten

Mit der Diagnose ergeben sich Aufgaben für die Eltern und Empfehlungen, die Eltern, die Erfahrung gewonnen haben, Eltern weitergeben. So finden Sie im folgenden Aussagen, die der Broschüre des Landesverbandes Bayern (2001) und den Ratschlägen einer erfahrenen Mutter entnommen sind (Firnhaber 1996):
- Hilfe ist möglich und notwendig.
- Sich so ausführlich wie möglich zu informieren, ist wichtig. Sehr zu empfehlen ist hierzu die Kontaktaufnahme mit Orts-, Landes- oder Bundesverband Legasthenie (Bundesverband Legasthenie, Königstr. 32, 30175 Hannover, Tel. 05 11 / 31 87 38, Fax. 05 11 / 31 87 39, homepage: *www.legasthenie.net*).

- Bei aller Förderung wird es darauf ankommen, dass das Kind nicht den Mut zum schulischen Lernen und nicht die Freude an der Schule verliert und sich Eltern nicht mit dem Kind in einem Streit gegen die Schule wenden.
- Die familiären Beziehungen sollten nicht durch „ein Leben um Legasthenie" in Mitleidenschaft gezogen und das Kind in anderen Begabungen und Interessen, die seine Selbstwertentwicklung und Lebensfreude stärken, unterstützt werden.
- Eine wichtige Hilfe, die ein Kind erfahren kann, ist Verständnis und Geduld.
- Planloses und zeitaufwendiges Üben überlastet das Kind.
- Das Gespräch zwischen Eltern/Lehrer und kompetenten Fachleuten muss so früh wie möglich einsetzen, mit dem Ziel, Verständnis und Unterstützung, die gezielt ist, zu erreichen.
- Ist die Eltern-Kind-Beziehung zu sehr belastet, so empfiehlt sich die Unterstützung Dritter.
- Andere (nicht-)schulische Erfolgserlebnisse geben dem Kind wieder Selbstvertrauen.
- Wünschenswert sind Hobbys, mit denen das Kind ohne Leistungsdruck Erfolge erzielen kann und Tätigkeiten, wodurch es erfährt, dass es gebraucht und geachtet wird.
- Das Kind für gute Noten belohnen gelingt selten, belohnen lassen sich vielmehr Mühe und Anstrengung bzw. kleinste Lernfortschritte.
- Ängste, Sorgen und Kummer sollten mit dem Kind besprochen werden.
- Freizeitausgleich sei dem Kind gegönnt.
- Es wird auf eine gute Zusammenarbeit von Schule und Elternhaus ankommen. Das Zusammenwirken der Eltern mit den Fachleuten ist nicht vorrangig darin begründet, dass es ohne die Fachleute nicht ginge, sondern darin begründet, dass es ohne die Mithilfe der Eltern, ohne elterliche Kompetenz nicht geht (vgl. Firnhaber 1996, 171 ff).

7.2.4 Informationen zu den Möglichkeiten der fachlichen außerfamiliären Hilfe

Ein Patentrezept zur Legasthenietherapie gibt es nicht. Nicht jede Hilfe ist für jedes Kind in jeder Familie angemessen. Eine möglichst umfassende Information über die vor Ort möglichen Hilfen wird eine Entscheidung, die dem Einzelfall gerecht wird, erleichtern. Die Erstinformation zu den Behandlungsmöglichkeiten beinhalten in der Regel folgende Grundsätze:

Zu den schulischen Hilfen:
- Absprache der Hilfsmaßnahmen mit allen Lehrern des Kindes, vor allem mit dem Deutschlehrer und dem Schulleiter;
- Klärung der schulrechtlichen Voraussetzungen schulinterner Hilfe (Legasthenieerlasse: Aufklärung über die im jeweiligen Bundesland gültige kul-

tusministerielle Regelung zur Förderung von Schülern mit Lese-Recht-schreibstörung);
- Sicherstellung schulischer Unterstützung, Nutzung von Förderkursen, Umsetzung des Nachteilsausgleichs, der durch die länderspezifischen Legasthenieerlasse möglich ist, wie z. B. die Rücksichtnahme bei der Benotung von Rechtschreibleistungen, Zeitzuschläge; Vermeidung von Bloßstellung und Bestrafung im Unterricht;
- Beratung zur schulischen Förderung im Bereich der Familie; Regelung der Hausaufgabensituation.

Zur außerschulischen Therapie:
- Die Legasthenietherapie ist eine Übungsbehandlung des Lesens und des Rechtschreibens.
- Psychotherapeutische Maßnahmen dienen der Stützung der Lernfreude, dem Abbau von Versagensängsten in Lernsituationen, der Schulung in Techniken der Fehlerkontrolle und der Selbstbestärkung und der Einübung von Bewältigungsstrategien (wie reagiere ich auf schlechte Noten oder Hänseleien?).
- Ggf. die Behandlung von psychischen Begleitstörungen wie etwa Schulängsten, depressiven Entwicklungen oder eines hyperkinetischen Syndroms mit Aufmerksamkeitsstörung, motorischer Unruhe und Impulsivität.
- Die Beratung hinsichtlich sozialrechtlicher Hilfen; Information über die Finanzierung von Legasthenietherapie über Eingliederungshilfe gemäß § 35 a SGB VIII (IX).

7.2.5 Kriterien für eine gute Therapie

Die Kriterien, wonach Eltern erkennen können, ob es sich um eine gute Therapie handelt, hat Firnhaber (1996, S. 140 ff) aus Elternsicht zusammengefasst:
- An erster Stelle: „… Lesen Sie die nachfolgenden Ratschläge, erkundigen Sie sich aber zusätzlich bei den Landesverbänden Legasthenie oder bei Kinder- und Jugendpsychiatern, denn der Begriff „Legasthenietherapeut" ist leider nicht klar definiert und ungeschützt. Jeder kann sich so nennen" (S. 140). Der erste Weg der Eltern wird zunächst über den verantwortlichen Lehrer und den schulpsychologischen Dienst gehen. Ist absehbar, dass Eingliederungshilfe zu gewähren ist, so ist frühzeitig das Jugendamt einzubeziehen.
- „Ein guter Therapeut kann aus verschiedenen Berufsgruppen kommen … Wichtig ist eine *spezielle Ausbildung*. Der Therapeut sollte dem jeweiligen Landesverband bekannt sein bzw. mit ihm zusammenarbeiten" (S. 140).
- Der Therapeut wird Tagungen und Fortbildungsveranstaltungen zur Legasthenie, die vom Landes- und Bundesverband unterstützt werden, besuchen.
- Der Therapeut wird entsprechende Literatur zum Thema Legasthenie gelesen haben.

- „Legasthenietherapie ist keine Hausaufgabenunterstützung oder einfache Nachhilfe, Legasthenietherapie erfordert spezielle Kenntnisse“ (S. 140)!
- „Eine Legasthenietherapie wird meist 1–2 Jahre dauern …“
- „Er wird auf keinen Fall dieselben festen Förderprogramme für alle Kinder einsetzen, sondern *jedem Kind ein spezielles Förderkonzept* zusammenstellen …“
- „Er wird die Lautgebärden einsetzen, wenn erforderlich.“
- Er kann PC-Programme zur Unterstützung und Abwechslung einsetzen.
- Er muss für schwerer betroffene Kinder über langjährige Erfahrung verfügen.
- Ein guter Therapeut wird nicht nur mit den *Eltern*, sondern auch mit den *Lehrern* des Kindes Kontakt aufnehmen und sich regelmäßig mit allen beraten …
- Werden Sie misstrauisch, wenn es heißt, dass eine bestimmte Therapie oder Methode, die ganz einfach klingt, aber meist viel Geld kostet, Legasthenie „heilen“ würde. *Diese Wunderwaffe gibt es leider noch nicht!*
- *Ein guter Therapeut schließlich macht kein Geheimnis aus seiner Therapie!* Er wird Eltern ausführlich über seine Förderung unterrichten und sie in sein Konzept mit einbeziehen, wenn sie es wünschen. Und dazu möchte ich allen Eltern dringend raten!
- *Halten Sie also engen Kontakt zum Therapeuten – das ist auch der beste Weg, um Einblicke in die Qualität seiner Arbeit zu bekommen* (Firnhaber 1996, S. 141).
- Eine Therapie der Lese-Rechtschreibstörung hat ihren Schwerpunkt in der *systematischen Einübung von Fertigkeiten des Lesens und Rechtschreibens.*
- Eine gute Therapie beinhaltet eine ständige Bestärkung des Kindes in seinen Lernfortschritten.
- Eine gute Therapie beachtet die *Begleitstörungen* der Sprache, Motorik, Visuo-Motorik oder Konzentration.

7.2.6 Die Verständigung und Entscheidung über die nächstmöglichen Behandlungsschritte

Nicht jede mögliche Hilfe ist vor Ort verfügbar. Auch ist nicht in jedem Fall jede denkbare Hilfe notwendig. Schließlich ist auch nicht jede Hilfe für jedes Kind hilfreich. Aus diesen Gründen kommt es im Erstgespräch darauf an, den individuellen Hilfebedarf und die im Lebensbereich der Familie verfügbaren Hilfen festzustellen. In der Regel sind dabei folgende Gesichtspunkte anzusprechen:

- *Vollständigkeit der Diagnostik:* Ist z. B. noch eine ergänzende Seh- oder Hörprüfung notwendig?
- *Befundbericht:* Liegt ein Arztbrief vor, der Aussagen enthält über das diagnostische Ergebnis zur seelischen Befindlichkeit des Kindes (Achse I), zum Ausmaß der Lese-Rechtschreibstörung und anderen umschriebenen Entwick-

lungsstörungen (Achse II), zur allgemeinen Intelligenzentwicklung (Achse III), zur körperlichen und neurologischen Gesundheit des Kindes (Achse IV) und zu den familiären und schulischen Verhältnissen und Möglichkeiten der Hilfe (Achse V)?

- *Ausmaß der Beeinträchtigung* durch die Legasthenie: Genügen die bisherigen Hilfestellungen? Ist die begabungsadäquate schulische Eingliederung des Kindes gefährdet und besteht somit Bedarf der Eingliederungshilfe? Leidet der Schüler unter seiner Lese-Rechtschreibstörung in einem Maße, dass er psychotherapeutische Hilfe benötigt?
- *Auswirkungen in der Familie:* Bedarf die Hausaufgabensituation einer Regelung und Entlastung? Haben die übrigen Familienmitglieder das rechte Verständnis für die Lese-Rechtschreibproblematik gewonnen? Bleibt Raum für Freizeitaktivität und bestehen Freundschaftsbeziehungen?
- *Auswirkungen in der Schule:* Gibt es Förderunterricht, Nachteilsausgleich? Kommt es zu Demütigungen im Unterricht? Gibt es Disziplinschwierigkeiten und Leistungsschwierigkeiten, die die Lehrer überfordern? Gibt es eine Unterstützung durch den schulpsychologischen Dienst?
- *Lehrergespräch:* Das Erstgespräch sollte zu einer Verständigung darüber führen, inwieweit Eltern oder die Fachkraft, die die Diagnose gestellt hat, das Beratungsgespräch in der Regel mit dem Deutschlehrer und dem Schulleiter führt, um die Diagnose zu besprechen und die Möglichkeiten der schulischen Hilfe zu beraten.
- Bescheinigung zur Vorlage in der Schule bzw. beim schulpsychologischen Dienst: In einzelnen Bundesländern ist eine *ärztliche Bescheinigung* zur Diagnose Voraussetzung dafür, dass seitens der Schule über den Nachteilsausgleich entschieden werden kann.
- Bescheinigung zum *Antrag auf Eingliederungshilfe* nach § 35 a SGB VIII: Im Erstgespräch sollte zumindest eine vorläufige Entscheidung darüber getroffen werden, ob die Kriterien für eine Eingliederungshilfe gegeben sind und ob seitens der Eltern die Absicht besteht, beim örtlich zuständigen Jugendamt Eingliederungshilfe zur Finanzierung einer außerschulischen Legasthenietherapie, zu beantragen. Für diesen Fall wäre ein entsprechend qualifiziertes Befundschreiben abzufassen.
- *Klärung des Therapiebedarfs:* Der Hilfebedarf ist bei jedem Kind unterschiedlich. Spezifische schulische und außerschulische Hilfestellung sind dann angezeigt, wenn das Kind infolge der Legasthenie in der Bewältigung schulischer und außerschulischer Lebensanforderungen erheblich beeinträchtigt ist. Ist die Legasthenie sehr schwerwiegend, so werden allein eine schulische Förderung und ein schulischer Nachteilsausgleich nicht ausreichen und eine außerschulische Legasthenietherapie notwendig werden; ist die Legasthenie in einem Maße schwergradig, dass die Anfangsfertigkeiten des Lesens und Rechtschreibens vom Kind nicht erlernt werden können, so kann eine sonderschulische Regelung in Frage kommen. Liegt eine Beeinträchtigung des Sehens oder des Hörens vor, so sind entsprechend fachärztliche Behandlungen durchzuführen, wie z. B. die Verordnung einer Brille.

Kommt es täglich zu schweren Hausaufgabenkonflikten, so ist eine Beratung hinsichtlich der Hausaufgabensituation dringend. Diese wenigen Beispiele veranschaulichen, dass die konkreten Hilfsmaßnahmen für das einzelne Kind aus einem Hilfeplangespräch hervorgehen. Nachfragen bei Orts- oder Landesverbänden können dazu helfen, wohnortnahe qualifizierte Hilfen zu finden.

- *Bedarf an Zusatztherapie:* Besteht neben der Legasthenie eine behandlungsbedürftige psychische Störung, so ist zu prüfen, ob diese Begleitstörung einer eigenen Behandlung bedarf. Dies trifft zu, wenn der Schüler aufgrund einer Schulangst die Schule verweigert, schulisch sich Disziplinschwierigkeiten ausgebildet haben, so dass ein Schulverweis drohen könnte, oder wenn ein Hyperkinetisches Syndrom besteht, das ggf. durch eine Stimulantienbehandlung und spezifische verhaltenstherapeutische Führung einer Therapie zugeführt werden muss.

Im Ergebnis eines solchen Erstgespräches wird geklärt sein, welche Hilfsmaßnahmen ergriffen werden.

7.2.7 Elternverbände – Selbsthilfeorganisationen

Die Eltern von Kindern mit Legasthenie haben sich in Ortsverbänden, Landesverbänden und in einem Bundesverband organisiert. Die Verbände sind individuelle und auch politische Interessenvertreter von Kindern, Jugendlichen und Erwachsenen mit Legasthenie und ihrer Angehörigen. Dem Verband haben sich als Mitglieder Fachleute aus Wissenschaft und Praxis angeschlossen. Dem Vorstand der Bundesvereinigung ist ein wissenschaftlicher Beirat zur Seite gestellt. In zweijährigen Abständen werden internationale Tagungen organisiert, die jeden Betroffenen, Eltern, interessierten Berufsgruppen aus Praxis und Wissenschaft offen stehen. Die Vorträge der Tagungen werden in Tagungsbänden zusammengefasst, die immer wieder die aktuellsten Möglichkeiten der schulischen Förderung, der Therapie und ihrer Finanzierung und neuesten Ergebnisse der Legasthenieforschung allgemein verständlich nachlesbar machen. Über die Verbände lassen sich Beratungen zu allen wichtigen Fragen der Diagnostik, Beschulung, Therapie, zum Schulrecht und zur Eingliederungshilfe wie aber auch zu Forschungsfragen einholen.

Es empfiehlt sich dringend Mitglied des *„Bundesverbandes Legasthenie" (BVL)* zu werden. Das Verbandsheft „LRS – Zeitschrift des Bundesverbandes Legasthenie e. V." erscheint viermal jährlich und informiert über die wichtigsten aktuellen Entwicklungen bundesweit und spezifisch für die einzelnen Bundesländer.

- Der BVL hilft Eltern, Lehrern und Fachleuten durch Informationsschriften und Veranstaltungen, Literaturhinweise, persönliche Beratung, Aufbau und Unterstützung von Orts- und Landeselterngruppen.

- Der Bundesverband fördert durch Kongresse und wissenschaftliche Veröffentlichungen die Forschung und das Gespräch zwischen Fachleuten unterschiedlicher wissenschaftlicher Disziplinen.
- Der Verband ist bemüht, durch Zusammenarbeit mit den Medien die Interessenvertretung durch Öffentlichkeitsarbeit zu stärken.
- *Der Bundesverband Legasthenie unterhält eine Geschäftsstelle in Hannover: Königsstr. 32, 30175 Hannover.*

7.3 Die Therapie der Legasthenie im Schulalter

Mit der Legasthenietherapie verbinden sich vier Aufgabenbereiche:
- Die funktionelle Behandlung des Lesens und des Rechtschreibens (Übungsbehandlung).
- Die Unterstützung des Kindes bei der psychischen Bewältigung der Lese-Rechtschreibstörung (Problemmanagement).
- Die Behandlung von Begleitstörungen (Funktionelle Therapie; Psychotherapie, Medikation).
- Die Behandlung von Störungen des Sehens und Hörens (augen- und ohrenärztliche Hilfen).

7.3.1 Die Übungsbehandlung des Lesens und Rechtschreibens mit dem Kind

7.3.1.1 Allgemeine Grundsätze der Übungsbehandlung

Die einzig richtige Vorgehensweise in der Legasthenietherapie gibt es nicht. International haben aus den vielfältigen pädagogischen und therapeutischen Methoden einige Behandlungsgrundsätze allgemeine Anerkennung gefunden. Grundsätze der Übungsbehandlung bei Lese- und Rechtschreibstörung sind:
- Die Behandlung sollte *so früh als möglich* erfolgen (in der Regel wird dies ab Mitte der 2. Klasse der Fall sein; bei schwerer Ausprägung bereits in 1. Klasse).
- Die *Einzeltherapie*, in der das Vorgehen auf die Lernvoraussetzungen des individuellen Schülers zugeschneidert ist, ist gruppentherapeutischen Verfahren überlegen.
- Eine zeitlich engmaschige, mindestens *wöchentliche Therapieeinheit*, verbunden mit systematischen täglichen Übungseinheiten in Zusammenarbeit mit den Eltern ist empfehlenswert.
- Die *Dauer* der Therapie umfasst in der Regel 1–2 Jahre und setzt fortdauernde regelmäßige Übungseinheiten voraus.
- Der inhaltliche Schwerpunkt der Übungsbehandlung liegt im Einüben des Lesens und Rechtschreibens.
- Die *Lernprogramme* stützen sich auf folgende Lerninhalte: Die Schulung im Umgang mit den lautlichen Eigenschaften der Schriftsprache (phonologische

Schulung) und den visuell-lautlichen Merkmalen, nämlich der Verknüpfung von Lauten (Phonemen) mit den visuell-graphischen Merkmalen der Lautzeichen, den Buchstaben und Worten (Graphemen) ist grundlegend. Dies beginnt mit dem Lesen und dem Rechtschreiben von lautgetreuen Wörtern, die in der deutschen Sprache überwiegen und damit zugleich Beginn mit dem schriftsprachlichen Einüben der zunächst häufigeren und später der selteneren Wörter. Man schreitet von zweibuchstabigen zu mehrbuchstabigen Wörtern, also vom Leichten zum Schweren, fort. Die Übungen beinhalten ein Aufgliedern des gesprochenen Wortes in seine phonologischen Bestandteile und die Lautbildung mit Lautunterscheidung innerhalb eines Wortes. Die Lautanalyse des Wortes wird ebenso geübt wie die Synthese des Wortes aus Einzellauten bzw. Einzelbuchstaben. Es findet also eine Verknüpfung zwischen lautsprachlichem und visuellem Lernen statt. Das Lernen wird unterstützt durch Übungen zur Silbenwahrnehmung und silbengegliederten Aussprache von Worten. Rhythmische Hilfen (z. B. Silbenklatschen) werden dazu eingesetzt. Rechtschreibregeln und ihre Ausnahmen werden auswendig gelernt. Fehler werden konsequent korrigiert, wichtiger jedoch ist die Hinlenkung der Wahrnehmung auf die richtigen Lese-Rechtschreibleistungen, so dass der Schüler sich in seinen Lernfortschritten nicht „übersieht", sondern sich vielmehr am Richtigen orientiert und damit auch bestärkt erfährt. Wichtig ist natürlich schließlich das Lesen und Schreiben von Sätzen, ein sinnverstehendes Lesen und ein Schreiben von Texten.

- Das Training von sog. Teilleistungsfunktionen, die als *Begleitsymptome* festgestellt werden, gilt nur dann als wirksam für das Erlernen von Lesen und Rechtschreiben, wenn die Übungen direkt mit dem Vorgang des Lesens und Rechtschreibens zu tun haben. Mit allgemeinen Konzentrationsübungen (z. B. „Durchstreichübungen") oder durch Übungen zur Raumlageerkennung oder zur „Visuo-Sensomotorik" (z. B. Töpfern) lernt man nicht Lesen und Rechtschreiben. Die Schulung von Konzentration oder von Sprachfertigkeiten beim konkreten Lesen und Rechtschreiben hingegen kann zweckmäßig sein.
- Die *Einbeziehung von Eltern und Lehrer* in Planung, Organisation und Durchführung der Therapie ist unerlässlich. Die Eltern kommen als Helfer bei der Hausaufgabe und als „Co-Therapeuten" ihres Kindes mit Legasthenie nur dann nicht in Frage, wenn die Hausaufgaben oder Übungen unvermeidbar in einem erzieherischen Konflikt münden, so dass die Eltern-Kind-Beziehung darunter leidet und wenn Eltern nicht die Zeit dazu haben.

7.3.1.2 Beispiele für Trainingsprogramme zur Therapie der Legasthenie

Programme für das systematische Einüben von Lese- und Rechtschreibfertigkeiten sind in der Regel für häusliche und schulische Hilfestellungen konzipiert. Sie werden zu therapeutischen Instrumenten, wenn sie in der oben beschriebenen Systematik Anwendung finden. Einige Förderprogramme, die für den Grundschul- und Sekundarbereich in Frage kommen, sind im folgenden kurz beschrieben.

Leseprogramme

- *Kieler Leseaufbau* (Dummer-Smoch, Hackethal 1994). Das Programm verbindet Lese- mit Rechtschreibübungen. Es dürfte zu den am meisten angewandten Verfahren im deutschen Sprachraum gehören. Es hat sich in der Praxis bewährt und ist für die Grundschulzeit geeignet. Das Übungsprogramm ist systematisch aufgebaut. Es beginnt mit dem lautierenden Lesen und dem lautierenden Schreiben. Übungen mit kurzen Silben aus Konsonant-Vokal-Verbindungen folgen Wortschatzübungen, die nach Schwierigkeit geordnet sind. Besonders zu erwähnen sind die mit dem Kieler Leseaufbau (Dummer-Smoch, Hackethal 1994) vermittelten Lautgebärden. Mit Hilfe von Handzeichensprache gelingt es, Buchstaben-Laut-Beziehungen lesen zu lernen, gerade auch dann, wenn das Kind durch direkte und alleinige Betrachtung der Buchstabenfolgen des Wortes keine Graphem-Phonem-Beziehung herstellen kann.
- Mit der *psycholinguistischen Lese-Rechtschreibförderung* von Grissemann (1998) steht ein Programm für den klinisch-sonderpädagogischen Bereich zur Verfügung. Das Trainingsprogramm berücksichtigt Forschungserkenntnisse zur Bedeutung des Arbeitsgedächtnisses und der phonologischen Bewusstheit beim Schriftspracherwerb. Die einzelnen Übungsabschnitte umfassen Übungen zur Förderung der Lesemotivation, Training des Arbeitsgedächtnisses, der auditiven Gliederung, der visuellen Wortgliederung in Buchstaben, Silben, Morpheme und ein semantisches Training. Zu den einzelnen Übungsbereichen sind umfangreiche Arbeitsmaterialien vorhanden.
- Das Programm *„Flüssig Lesen lernen“* von Tacke (1999a, b). Das Leselernprogramm kann im Grundschulbereich von der Mitte der 1. Klasse bis einschließlich der 5. Klasse genutzt werden. Das Verfahren konzentriert sich auf Übungen zur phonologischen Bewusstheit, der Buchstaben-Laut-Beziehung, dem Zusammenlauten von Buchstaben sowie auf ein Lesen durch silbenorientiertes Gliedern.

Den verschiedenen Ansätzen ist mit mehr oder weniger starker Gewichtung der Einzelfunktion doch gemeinsam, dass es um Einübung von Laut-Buchstaben-Zuordnung (Phonem-Graphem-Kopplung) und um das Zusammenlesen von Einzelbuchstaben bzw. Einzellauten geht. Das Erkennen häufiger Wörter und häufiger Silben hilft, die Lesegeschwindigkeit zu erhöhen, da somit Wortteile, Wörter und auch Satzteile aus dem Sinnzusammenhang leichter vorhersagbar werden.

Programme zur Einübung von Rechtschreibung

Das Erlernen des Lesens ist zweifellos wichtiger als das Erlernen perfekter Rechtschreibung. Dennoch hat die Rechtschreibung innerhalb der schulischen und beruflichen Ausbildungssysteme nach wie vor ein großes Gewicht, das in die Notengebung und in die gesamte Leistungsbeurteilung einwirkt. Und nach wie vor nährt eine fehlerhafte Rechtschreibung das Vorurteil, dass Rechtschreibfehler Zeichen von mangelhafter Bildung und von Intelligenzmängeln seien. So behält auch die Rechtschreibausbildung ihren hohen Stellenwert, zudem übt sich damit zugleich auch das Lesen.

Der *Kieler Rechtschreibaufbau* (Dummer-Smoch, Hackethal 1996) übernimmt die oben dargestellte Systematik für das Lesenlernen auch für die Rechtschreibschulung, wobei der Laut-Buchstaben-Zuordnung und der Einübungen von häufigen Silben, Lautfolgen und Wörtern ein besonderes Gewicht gegeben wird. Das Programm zielt auf das Pensum der Grundschule.

Die *psycholinguistische Lese- und Rechtschreibförderung* nach Grissemann (1998) verbindet ebenfalls wie der Kieler Lese- und Rechtschreibaufbau die Unterrichtung im Lesen mit der Unterrichtung in der Rechtschreibung. Neben der Laut-Buchstaben-Zuordnung, dem Einüben der Morphemerkennung und des Segmentierens werden auch Ableitungsregeln geschult.

Die *lautgetreue Rechtschreibförderung* von Reuter-Liehr (1992) setzt zeitlich gegen Mitte der Grundschulzeit an und reicht bis zum Übertritt in die Hauptschule. Das Konzept wurde für den schulischen Förderunterricht konzipiert, es ist aber in seinen Elementen auch auf die Einzeltherapie übertragbar. Die individuelle Förderung geht von einer qualitativen Fehleranalyse aus. Diese bestimmt die Schulung in den einzelnen Lese- und Rechtschreibkompetenzen. Die qualitative Fehleranalyse wird also therapiebestimmend. Es werden vier Fehlertypen differenziert (siehe Tabelle 5).

Tabelle 5:
Beschreibung der Fehlertypen (Reuter-Liehr 1992)

Fehlertypen	Beschreibung
1. Phonemfehler	Verstöße gegen lautgetreue Schreibung (z. B. Ketreide, Nse)
2. Regelfehler	Verstöße gegen die regelhaften Abweichungen (z. B. Schtall, Forsicht)
3. Speicherfehler	Verstöße gegen die Abweichungen vom Regelhaften (z. B. wegseln, Fahbrik)
4. Restfehler	Verstöße gegen Rechtschreibregeln, die einen höheren Abstraktionsgrad erfordern

Bestehen Probleme des Kindes auf der Lautebene, so wird zunächst das lautgetreue Schreiben eingeübt. Dieser Lernprozess wird intensiviert, indem die Wörter beim Sprechen durch Klatschen und Schreiten in Silben körperlich erfahrbar gegliedert bzw. lautierend gesprochen werden. Bei Regel- und Speicherfehlern wird die Morphemmethode eingesetzt. Sie ermöglicht den Übergang vom lautgetreuen Schreiben zu regelhaften Abweichungen der Orthographie dadurch, dass die Wörter in Morpheme gegliedert werden. Dem stufig aufgebauten Programm liegen die Prinzipien vom Leichten zum Schweren und vom Häufigen zum Seltenen zugrunde. Der besondere Vorzug dieses Programms liegt darin, dass die Materialien sehr praxisfreundlich sind und die Wirksamkeit in kontrollierten Studien nachgewiesen werden konnte.

Die systematische Unterrichtung nach Kossow (1979, 1991) sowie Hoffmann und Koschay (1996) betont im ersten Schritt Übungen zu Lautanalyse (Erkennen von Einzellauten im Wort) und der Laut-Buchstaben-Zuordnung. Zusätzlich werden Sprech- und Hörübungen durchgeführt. Auch hier ist der Ansatzpunkt bei Rechtschreib- und Leseübungen von lautgetreuen Wörtern. Silbenübungen werden ergänzt durch Lerneinheiten zu Rechtschreibregeln.

Das Marburger Eltern-Kind-Rechtschreibtraining (Schulte-Körne, Mathwig 2001) hebt sich dadurch hervor, dass die Förderung durch eine systematische Übungsbehandlung mit Hilfe der Eltern konzipiert ist. Die inhaltlichen Übungsfelder sind in Tabelle 6 zusammengefasst. Das Verfahren konzentriert sich wesentlich auf die Einübung von Rechtschreibregeln. Die Materialien sind bildlich anschaulich. Rechtschreibregeln sind in Merksätze gefasst, die in Reimform gebracht sind. Dies soll das Erinnern der orthographischen Regeln erleichtern. Auch hierzu liegen Wirksamkeitsstudien vor, die zeigen, dass es nach zweijähriger Trainingszeit zu einer signifikanten Abnahme von Fehlerquoten kommt, die sich auch auf eine verbesserte Diktatnote auswirkt (im Durchschnitt um knapp eine Note Verbesserung). In einer günstigen Nebenwirkung wurde eine Steigerung des Selbstwertgefühls der Kinder erreicht.

Tabelle 6:
Übersicht über die Lern- und Übungsbereiche des Marburger Eltern-Kind-Trainingsprogramms (Schulte-Körne et al. 1998)

Lern- und Übungsbereich	Beispiel
Erkennen von Wortstamm, Vor- und Endsilben	Glück, glücklich, glücken, verunglücken
Wortarten erkennen	Hauptwort, Tuwort, Eigenschaftswort
Erkennen des kurz gesprochenen Selbstlautes und Schreibung nach kurzem Selbstlaut	„Katze“ – Ist der Selbstlaut kurz oder lang gesprochen?
Erkennen des lang gesprochenen Selbstlautes und Schreibung nach langem Selbstlaut	„Hose“ – Ist der Selbstlaut kurz oder lang gesprochen?

Die Schreibung des stummen -h	Lehm, Bühne, ernähren
Schreiben von Verben, Grundformbildung	er bringt (bringen) sie schreibt (schreiben)
Schreibung von gleichklingendem „Sch“ und „S“	„Schrank“ – „Stein“
Ableitregeln zur Schreibung der Endsilben	Wand (Wände) Berg (Berge)
Ableitregeln zur Schreibung gleichklingender Laute	Zähne (Zahn), Zelte (Zelt), Bäume (Baum)
Groß- und Kleinschreibung	das Haus, groß, bringen

Diese wenigen Beispiele mögen genügen, um die Ansätze der verschiedenen Förderprogramme zu veranschaulichen. Zur weiteren Orientierung für die Legasthenietherapie ist auf folgende Schriften zu verweisen:

- Landesverband Legasthenie Schleswig-Holstein e.V. (1999): Legasthenie täglich begleitend – wie ist helfen hilfreich?
- Klasen, E. (1995): Legasthenie – umschriebene Lese-Rechtschreibstörung. Informationen und Ratschläge.
- Schenk-Danzinger, L. (1991): Legasthenie – Zerebral-funktionelle Interpretation, Diagnose und Therapie.
- Kossow, H.-J. (1991): Leitfaden zur Bekämpfung der Lese-Rechtschreib-Schwäche.
- Firnhaber, M. (1996): „Legasthenie und andere Wahrnehmungsstörungen. Wie Eltern und Lehrer helfen können“. Das Buch von Frau Firnhaber enthält vielfältige Anregungen zu Übungsmaterialien. Die Schrift gründet auf einer jahrzehntelangen Erfahrung als Mutter von zwei Kindern mit Legasthenie in der Zusammenarbeit mit Eltern von Kindern mit Legasthenie, einer unermüdlichen und qualifizierten Kooperation mit wissenschaftlichen Vertretern der Legasthenieforschung und bildungspolitischen Instanzen. Das Buch schöpft aus der Wissensvielfalt reichhaltiger Lektüre und Tagungserfahrung.
- Breuer, H., Weuffen, M. (1993): Lernschwierigkeiten am Schulanfang. Schuleingangsdiagnostik zur Früherkennung und Frühförderung.
- Doernberg, G. (1978): Die Betreuung von Legasthenikern der Sekundarstufe 1 in der Schulpraxis.
- Dummer-Smoch, L. (1998): Mit Phantasie und Fehlerpflaster.
- Hackethal, R. (1995): Zehn Schritte zu Rechtschreibung. Gemeinsam richtig anfangen.
- Milz, I. (1994): Sprechen, Lesen, Schreiben.

- Müller, H., Vollmer, O. (1993): Rechtschreibblätter.
- Profax: Hefte und Geräte zum Lese- und Rechentraining.
- Straub, A., Thoms, W. D. (1991): Rechtschreibtraining III.
- Möckel, A. (1997): Lese-Rechtschreibschwäche als didaktisches Problem.

Weitere Anregungen zur Legasthenietherapie finden sich bei Breuninger und Betz (1989), Warnke und Niebergall (1997), Amorosa, Müller-Egloff und Pretzlick (1994), Behrndt und Steffen (1996), Walter (1996), Ganser (2000) und Naegele und Valtin (2000). Übersichtsarbeiten zur Behandlung von Lese-Rechtschreibstörungen stehen bei Mannhaupt (1999), Marx (1999), Tacke (1999c) sowie Roth und Warnke (2001) zur Verfügung.

7.3.1.3 Computerprogramme zur Lese-Rechtschreibförderung

Computerprogramme zum Erlernen des Lesens und Rechtschreibens sind ein möglicher Baustein im Rahmen einer Legasthenietherapie. Computerprogramme sind schnelllebigen Marktgesetzen unterworfen, so dass im Rahmen dieser Schrift keine längerfristig gültigen spezifischen Programmempfehlungen gegeben werden können. Zunächst wird man auf Verlagsempfehlungen angewiesen sein bzw. bei den in der Legasthenie erfahrenen Einrichtungen Ratschläge einholen. An dieser Stelle sollen nur Kriterien benannt werden, die bei der Wahl rechnergesteuerter Lese-Rechtschreibprogramme zu beachten sind.

Gründe für den Computereinsatz sind folgende (in Anlehnung an Schenk-Danzinger 1991):
- Das Lernen am Computer ist wirksam. Es führt bei einzelnen Kindern mit Legasthenie, wahrscheinlich besonders bei schwergradiger Legasthenie und bei Motivationsproblemen zu bedeutsamen Fortschritten.
- Die hochgradige, didaktisch durchorganisierte Systematik guter Computerprogramme ist eine wertvolle Ergänzung der Lehrmethoden im Rahmen einer Legasthenietherapie.
- Der Computer überprüft emotionsfrei, nicht wertend und doch mit wirksamen Belohnungssystemen und mit unerschöpflicher Ausdauer die Lese- und Rechtschreibleistung.
- Die Buchstaben sind immer am gleichen Ort und der Schüler hat es leichter, die Buchstabenform zu erinnern.
- Der Schüler muss den Aufbau der Wörter in genauer Reihenfolge der Buchstabenzeichen erinnern.
- Das Programm kann sich den individuellen Fehlerschwerpunkten anpassen.
- Die Arbeit am Bildschirm nach strengen Bedienungsregeln fördert ein konzentriertes und reflektiertes Lernen und wirkt einem impulsiven Arbeitsstil entgegen. Der Denk- und Arbeitsstil wird automatisch strukturiert.
- Das Programm sichert dem Schüler Erfolgserfahrungen, da es sich flexibel auf Schwierigkeitsgrade einstellt, die dem Schüler eine Lösung ermöglichen. Fehler werden nicht übergangen, so dass falsche Lernschritte vermieden wer-

den. Erfolge werden unmittelbar zurückgemeldet. Erfolgskurven, die von Sitzung zu Sitzung erstellt werden, geben dem Schüler die Sicherheit, dass er Lernfortschritte macht.

Grenzen des Computertrainings liegen in folgenden Eigenschaften:
- Die notwendigen handschriftlichen Übungen können durch das Lernen am Computer nicht ersetzt werden.
- Die Therapie umfasst stets mehr als ein standardisiertes Funktionstraining, so dass Computerprogramme nur ein Element der Gesamttherapie sein können.

Grundanforderungen an Computerprogramme sind (in Anlehnung an Betz, Breuninger 1993):
- Das Programm muss eine individuelle Anpassung an das Lern-Leistungsniveau des Schülers ermöglichen.
- Auch innerhalb einer Lerneinheit müssen Programmänderungen nach Bedarf möglich sein.
- Der Ablauf der Lerneinheiten sollte standardisiert sein, so dass die Bedienung einfach und überschaubar ist und dem Kind durch eine klare Lernsystematik Sicherheit gegeben wird.
- Das Programm sollte den Prinzipien folgen, wie sie für die beschriebene Legasthenietherapie gültig sind (mit lautgetreuen Worten vom Leichten zum Schwierigen, vom Häufigen zum Seltenen fortschreitend usw.).
- Das Programm sollte altersgestaffelt sein.
- Das Programm sollte dem Lernenden und auch dem Therapeuten Protokollmöglichkeiten gewähren.
- Die Vorgabemodi sollten variabel sein:
  - akustische und visuelle Vorgabe
  - Lückentexte und buchstabenweiser Aufbau
  - tachistokopische Vorgabe einzelner oder mehrerer Items.
- Es sollte auf die Eingabe am Computer ein Reaktionsmodus erfolgen, wie:
  - akustische Belohnung
  - visuelle Bekräftigung auf dem Bildschirm
  - Ausbleiben jeder Reaktion bei Fehlern
  - beliebige Kombinationen.

7.3.2 Die Schulung zur Gestaltung von Rahmenbedingungen und zum Umgang mit den Beeinträchtigungen durch die Legasthenie (psychische Verarbeitung)

Da sich die Schwierigkeiten im Erlernen des Lesens und Rechtschreibens nicht kurzfristig beheben lassen und teilweise lebenslang wirksam sind, ist es in den schweren Formen der Legasthenie notwendig, über *Selbsthilfetechniken* zu verfügen.

Dazu gehören:
- *Realistische Einstellung:* Die Selbsthilfe im Umgang mit den Lese-Rechtschreibschwierigkeiten beginnt damit, dass man die Feststellung der Diagnose „Legasthenie“ nicht als „Katastrophe“ wertet und sie nicht zum Mittelpunkt des eigenen und familiären Lebens macht. Gleichzeitig darf man nicht unterschätzen, wie sehr vor allem eine schwere Legasthenie in viele Lebensbereiche hinderlich hineinwirkt. Alles Lernen, das mit Schriftsprache geschieht, ist eine besondere Herausforderung.
- *Gute Lern-Rahmenbedingungen:* Die Organisation schulischer, familiärer und ggf. therapeutischer Hilfe systematische Gestaltung der Hausaufgabensituation und der Persönlichkeitsförderung.
- *Erwerb von Lerntechniken:* Übungen zur Entspannung und Konzentration in der Lernsituation, Lernen von Methoden, sich schriftsprachliche Lerninhalte anzueignen und sich Hilfe zu holen: Gebrauch von Lernkarten, Gebärdensprache, Einsatz von Lexika, Techniken der Fehlerkontrolle, der Gedächtnisschulung und der Selbstkontrolle und Selbstbestätigung. Ratschläge zu diesem Gesichtspunkt finden sich in: Landesverband Legasthenie 1999; Firnhaber 1996; und Lehrbüchern zur Verhaltenstherapie: Steinhausen, von Aster 1999; Remschmidt 1997; Lauth, Brack, Linderkamp 2001).
- *Selbstbestärkung:* Die Legasthenie sich und anderen gegenüber zugeben können; Mitschüler und Lehrer als unterstützende Partner gewinnen; eigene Interessen und Freizeiterholung pflegen; die Lernfortschritte registrieren; sich einer guten Elternverbandsgruppe/Selbsthilfegruppe anschließen; sich informieren und qualifizierte Tagungen zum Thema Legasthenie besuchen usw. (weiterführende Ratschläge finden sich in: Landesverband Legasthenie Schleswig-Holstein 1999; Firnhaber 1996).

7.3.3 Die Behandlung psychischer Begleitstörungen

Bei der Behandlung psychischer Störungen sind folgende Krankheitsbilder besonders zu beachten:
- *Angststörungen:* Verbinden sich mit den Schwierigkeiten im Erlernen des Lesens und Rechtschreibens Erfahrungen, die das Kind als bestrafend erlebt, so können sich relativ rasch auf das schulische Lernen bezogene Ängste ausbilden. Versagensängste und Symptome einer Schulangst treten auf, wofür Anzeichen einer Schulverweigerung kennzeichnend sind: Das Schulkind zögert das morgendliche Aufstehen hinaus, bummelt beim Sich Ankleiden und bei der Morgentoilette, es frühstückt schlecht und äußert, die Schule nicht besuchen zu wollen; die Hausaufgabensituation wird vermieden, Hausaufgaben werden verheimlicht oder nicht mehr erledigt. Im Zusammenhang mit schulischen Anforderungen kommt es zu körperlichen Beschwerden: Kopfschmerzen, Bauchschmerzen, Übelkeit, Schwindel und auch Erbrechen. In Einzelfällen kommt es zu einer völligen Schulverweigerung. Regelhaft nehmen diese Beschwerden am Wochenende ab und sie können in längeren Ferien-

zeiten völlig verschwinden. Diese Symptome der Schulangst sind ein deutliches Zeichen der Überforderung und es ist eine kinder- und jugendpsychiatrische Beratung angezeigt.

- *Depressive Störungen:* Anhaltende Überforderung und ständige Misserfolgserfahrungen im schulischen Alltag können schließlich in depressiven Symptomen münden. Das Schulkind wirkt angestrengt, gereizt und unausgeglichen. Es hat seine Fröhlichkeit verloren, wirkt müde und hat Schlafstörungen. Es äußert, dass niemand es mag, manchmal auch, dass es nicht mehr leben wolle. Appetitmangel stellt sich ein. Gefühle von Wertlosigkeit kommen auf. Diese depressiven Symptome sind Anzeichen der Hilflosigkeit des Kindes und es wird darauf ankommen, im Rahmen der Psychotherapie eine schulische Entlastung herbeizuführen.
- *Hyperkinetisches Syndrom* (Aktivitäts- und Aufmerksamkeitsstörung): Motorische Unruhe und Aufmerksamkeitsstörungen können sich infolge einer Lese-Rechtschreibstörung ausschließlich im Zusammenhang mit schulischem Unterricht und der Hausaufgabensituation zeigen. In diesem Fall sind Ablenkbarkeit und Aufmerksamkeitsstörungen und Unruhe Anzeichen der Überforderung in der Lern-Leistungssituation durch die Lese-Rechtschreibstörung. Die funktionelle Übungsbehandlung und schulische Entlastungen durch Gewährung von Nachteilsausgleich reichen meistens aus, diese Anpassungsreaktionen zu beheben. Oft jedoch sind die *motorische Überaktivität, Aufmerksamkeitsstörung und Impulsivität* Symptome eines Hyperkinetischen Syndroms, das nicht selten mit einer Lese-Rechtschreibstörung vergesellschaftet ist. Das Hyperkinetische Syndrom bildet sich bereits im Vorschulalter aus. Es betrifft Jungen etwa achtmal häufiger als Mädchen. Mit dem späteren Kindesalter kommen häufiger Schwierigkeiten im Sozialverhalten und im Disziplinverhalten hinzu. Die Symptomatik zeigt sich darin, dass die Schüler in Situationen, in denen motorische Ruhe erwartet wird (wie etwa im schulischen Unterricht) nicht stillsitzen können, unaufgefordert und störend reden und auch aufstehen. Leicht wechseln sie von einer zur anderen Tätigkeit. Die Aufmerksamkeit schwankt stark; diese Schüler sind sehr leicht ablenkbar. Die Impulsivität zeigt sich darin, dass sie oft soziale Regeln nicht einhalten, nicht abwarten können, unkontrolliert äußern, was sie gerade gedanklich beschäftigt und Gefühle leicht erregbar und übermäßig durchbrechen. Die Kinder geraten dadurch leicht in Streit, werden Außenseiter und haben Lernprobleme. Dringend bedürfen diese Schüler, die zusätzlich durch eine Lese-Rechtschreibstörung schulisch beeinträchtigt sind, der erfahrenen fachmännischen psychotherapeutischen und oft auch medikamentösen Behandlung. *Die Gefährdung der schulischen und auch der familiären Eingliederung sollte spätestens Anlass sein, neben den spezifisch erzieherischen, verhaltenstherapeutischen Maßnahmen die Indikation einer medikamentösen Behandlung zu prüfen. Im Schulalter erfolgt die medikamentöse Therapie mit Stimulantien* (Ritalin® = Methylphenidat oder Amphetamin). Dies sind nicht dämpfende Mittel, sondern anregende Medikamente, die dem Kind entscheidend helfen, seine motorische Bewegungsfreude, Impulsivität und Aufmerk-

samkeit zu steuern. Die Medikation wird durch Fachärzte für Kinder- und Jugendpsychiatrie und -psychotherapie und auch durch darin erfahrene Kinderärzte vorgenommen (weiterführend Döpfner, Frölich, Lehmkuhl 2000a,b).
- *Störungen des Sozialverhaltens:* Sind die Kinder aufgrund der Schwere der Lese-Rechtschreibstörung nicht in der Lage, dem schulischen Unterricht zu folgen, so können sich bald Disziplinschwierigkeiten ausbilden. Wird die Diagnose der Lese-Rechtschreibstörung nicht erkannt und erfährt das Kind keine entlastende Hilfestellung, so dass es chronifizierten schulischen Misserfolgen und letztendlich auch einer sozialen Demütigung und Ausgliederung ausgesetzt ist, so können sich auch erhebliche Störungen im Sozialverhalten ausbilden. Ist der Schüler aufsässig, ungehorsam, verletzend-aggressiv, rücksichtslos gegenüber den Rechten anderer, kommt es zu Suchtmittelmissbrauch, Lügen, Diebstahl und ähnlichen Delikten, so ist es vordringlich, nicht nur eine Übungsbehandlung der Legasthenie einzuleiten, sondern auch besondere erzieherische, vielleicht auch schulische Sonderbeschulung und psychotherapeutische Maßnahmen einzuleiten. Es ist darauf zu achten, inwieweit das gestörte Sozialverhalten mit Ängsten und depressiven Symptomen einhergeht.

7.3.4 Augenärztliche Hilfestellungen

Die Legasthenie ist nicht Folge von Sehstörungen. Dennoch ist es wichtig, dass gerade auch beim Schüler mit Legasthenie das Sehvermögen so gut als nur möglich ist. Nach Prof. Schäfer, als Augenarzt an der Augenklinik der Universität Würzburg Mitglied des wissenschaftlichen Beirates des Bundesverbandes Legasthenie, kann beim einzelnen Kind mit Legasthenie folgende augenärztliche Hilfestellung angezeigt sein:
- Der Ausgleich auch geringer Brechungsanomalien (auch 0,5 Dioptrien) besonders bei Astigmatismus („Hornhautverkrümmung").
- Bifokale Brillen (möglicherweise auch multifokale oder Gleitsichtbrillen: Brillen, die gleichzeitig das Sehen in die Ferne und in die Nähe korrigieren) bei Akkommodationsschwäche (Hypoakkommodation) sowie bei Esophorien (Neigung zur Konvergenz) mit akkommodativer Komponente im Nahbereich.
- Bei Sehschwäche habe sich die Verordnung von Bifokalbrillen durch die damit verbundene Textvergrößerung (Lupeneffekt) bewährt.
- Bei Konvergenzschwäche kommen Prismenbrillen in Frage.
- Schüler mit Legasthenie sollten immer möglichst kontraststarke und groß gedruckte Arbeitsvorlagen erhalten.
- Das Abdecken von Textzeilen (mit Zeigefinger oder Schablone) erleichtert dem Auge ein konzentriertes Verbleiben in der Zeile beim Lesen. Dies kann auch durch eine stabförmige Leselupe dem Kind erleichtert werden.

Als Empfehlung an Eltern und Betroffene formulieren Schäfer und Mühlendyck (2000, S. 130): „Bei Legasthenie, Legasthenieverdacht oder bei Lesestörungen sollte die ... ausgiebige augenärztliche Untersuchung zum Ausschluss und ggf. Behandlung von okulär bedingten Ursachen erfolgen ... Wegen häufiger Sprach- und Hörstörungen sollten sie ihr Kind bei einem Pädaudiologen (spezialisierter HNO-Arzt) vorstellen. Besonders wichtig ist eine allgemeine Untersuchung des Kindes durch einen Kinder- und Jugendpsychiater oder einen besonders interessierten Pädiater".

Schäfer und Mühlendyck veröffentlichten in ihrem Artikel ein Untersuchungsschema für Augenärzte zur Untersuchung von Sehfunktionen, wenn Lesestörungen vorliegen.

7.3.5 Ohrenärztliche Hilfestellung (pädaudiologische Untersuchung)

Die Mehrzahl der Kinder mit Legasthenie hat auch sprachliche Entwicklungsbesonderheiten. Wenn nun Sprachauffälligkeiten bestehen (z. B. das Schulkind spricht nicht altersgemäß die Laute alle richtig (Stammeln) oder es spricht grammatikalisch nicht altersgemäß (Dysgrammatismus), dann sollte eine Hörprüfung beim Facharzt für Hals-Nasen-Ohren-Heilkunde (HNO) erfolgen. Dabei sollte möglichst auch eine genaue Sprachentwicklungsdiagnostik durchgeführt werden. Dies ist in pädaudiologischen Abteilungen der HNO-Kliniken oder auch in logopädischen Praxen möglich; ortsabhängig auch in Sprachheilschulen oder Beratungsstellen und Arztpraxen mit entsprechender Qualifizierung.

Vom diagnostischen Ergebnis wird es abhängig sein, ob ohrenärztliche Maßnahmen (z. B. Behebung einer Mittelohrschwerhörigkeit bei Mittelohrerguss) oder sprachtherapeutische Hilfen notwendig sind.

Die Wirkung von Trainingsgeräten zur akustischen Schulung von Ton- und Sprachlautwahrnehmung, die mit erheblichem Werbeaufwand und teuer verkauft werden, ist vorläufig nicht erwiesen.

7.3.6 Medikamentöse Behandlung

Medikamente zur Therapie der Legasthenie gibt es nicht. In einer großen sorgfältigen Studie wurde zwar nachgewiesen, dass Nootropika (Pirazetam in der täglichen Dosierung von 3 g) die Leseflüssigkeit verbessern können (Wilsher et al. 1985). Diese medikamentöse Möglichkeit hat sich jedoch in der Praxis nicht durchgesetzt.

Eine medikamentöse Hilfe kommt nur dann in Frage, wenn psychische Störungen zusätzlich zur Legasthenie bestehen, die medikamentös angehbar sind. In erster Linie trifft dies für das Hyperkinetische Syndrom zu. Unter einer Stimulantientherapie (Ritalin®) kann sich bei den Kindern mit Legasthenie und Hyperkinetischem Syndrom die Zahl der Flüchtigkeitsfehler vermindern, die Handschrift kann harmonischer werden und das allgemeine Lernverhalten kann sich verbessern. Ob eine Stimulantienbehandlung in Frage kommt, ist durch eine kinder- und jugendpsychiatrische Untersuchung zu klären.

7.4 Fremdsprachenunterricht und Legasthenie

Systematische Untersuchungen zum Fremdsprachenunterricht bei Schülern mit Legasthenie fehlen. Klinische Beobachtungen zeigen, dass durchaus nicht alle Schüler mit Legasthenie in der deutschen Sprache gleichrangige Schwierigkeiten in Fremdsprachen haben müssen. Die einzelnen Sprachen stellen unterschiedliche Anforderungen. Von allen europäischen Sprachen scheint z. B. die englische Sprache die geringsten Zusammenhänge zwischen der mündlichen Lautsprache und dem Schriftbild zu haben. Die deutsche Sprache ist relativ lautgetreu, die italienische oder lateinische sind besonders lautgetreu. Daher lässt sich grundsätzlich beim einzelnen Schüler schwer vorhersagen, in welcher Weise sich die Legasthenie auf die Fremdsprache niederschlägt. Dies ist jedoch in der Regel bei allen Schülern mit schwergradiger Legasthenie der Fall. Die Länderbestimmungen zur Förderung von Schülern mit besonderen Schwierigkeiten beim Erlernen des Lesens und Rechtschreibens nehmen auch auf den Fremdsprachenunterricht Rücksicht. So ist beispielsweise in der Bekanntmachung des Bayerischen Kultusministeriums vom 16. 11. 1999 dazu festgestellt: „So weit rein rechtschriftliche Leistungen abgeprüft werden, ist bei Schülern mit gutachterlich festgestellter Legasthenie analog zum Fach Deutsch auch in der Fremdsprache von einer ziffernmäßigen Bewertung des Lesens und Rechtschreibens abzusehen. Bei der Festlegung der Zeugnisnote sollen je nach Art und Ausmaß ihrer Teilleistungsstörung die mündlichen Leistungen im Vordergrund stehen. Bei Schülern mit gutachterlich festgestellter Legasthenie sind schriftliche und mündliche Leistungen im Verhältnis 1:1 zu gewichten".

Ausführliche Hinweise zu Möglichkeiten der elterlichen Hilfestellung beim Erlernen der Fremdsprache gibt Firnhaber (1996, S. 189–199). Vom Bundesverband Legasthenie ist eine kleine Informationsbroschüre „Legasthenieprobleme im Fremdsprachenunterricht" (Bundesverband Legasthenie 1998) herausgegeben worden.

7.5 Hilfe bei zusätzlichen Teilleistungsstörungen

Mit der Legasthenie werden immer wieder Zusammenhänge mit anderen Entwicklungsbesonderheiten beschrieben. Dazu gehören:
- Sprachentwicklungsstörungen
- Rechenstörungen
- motorische Entwicklungsstörungen
- taktil-kinästhetische Wahrnehmungsstörungen
- auditive Wahrnehmungsstörungen
- Aufmerksamkeitsstörungen

Darüber hinaus ließen sich auch noch weitere Teilleistungsbereiche benennen. In Bezug zur Legasthenietherapie ist hierzu grundsätzlich nochmals festzustellen:

- Bislang fehlt eine wissenschaftliche Studie, die belegt, dass Übungen zu Hirnfunktionen Lesen und Rechtschreibung verbessern, wenn die Übungen unabhängig vom Ausüben des Lesens und Rechtschreibens durchgeführt werden. Ein Kind lernt nur Lesen und Rechtschreiben, wenn es Lesen und Rechtschreiben übt.

Die nachfolgenden Hinweise sind für jene Kinder in Betracht zu ziehen, die auf der Grundlage einer qualifizierten Diagnostik tatsächlich erhebliche Beeinträchtigungen von Alltagsrelevanz in den Bereichen der Psychomotorik (Graphomotorik, „Schönschrift"), Aufmerksamkeit oder der Sprache haben. Die Auflistung der Hilfsmittel ist als Beispielsammlung zu verstehen, die den Einstieg in die jeweiligen Problembereiche erleichtert. Grundsätzlich gehören diese Programme in die Hand approbierter Therapeuten. Dabei ist es im Einzelfall immer wieder möglich und auch notwendig, dass Teile dieser Übungsprogramme von den Eltern und dem betroffenen Kind selbst in den familiären Alltag zeitlich begrenzt übernommen werden.

a) Sprachbehandlung

Die Therapie bzw. Förderung der Sprachentwicklung liegt in fachlichen Händen von Logopäden und Sprachheillehrern. Zur legastheniespezifischen Sprachförderung sei auf die Abschnitte zur phonologischen Bewusstheit und spezifischen Übungsbehandlung der Legasthenie verwiesen (siehe Abschnitt 7.3.1 und 8). An dieser Stelle sei nur auf die *Lautgebärden* aufmerksam gemacht (Abb. 11). Sie lassen sich im Erstleseunterricht ebenso wie in der Legasthenietherapie verwenden. Sie sind durchaus nicht jedem Kind mit Legasthenie hilfreich. Sie sind aber bei jeder schwerergradigen Legasthenie ein Versuch wert. Anleitungen zu den Lautgebärden finden sich bei:
- Dummer, Hackethal: Kieler Leseaufbau.
- Krenn, Kowarik: Horchen, Zeigen, Lesen.
- Dummer-Smoch: Mit Phantasie und Fehlerpflaster.

b) Psychomotorische Behandlung

Bei Entwicklungsstörungen der Motorik mit Beeinträchtigungen des fein- und grobmotorischen Geschicks, der Bewegungskoordination, der Gleichgewichtssteuerung oder von Rhythmik geben folgende Schriften Verständnis und Behandlungsanleitung:
- Kiphard: Unser Kind ist ungeschickt (bis zum 10. Lebensjahr)
- Hünnekens, Kiphard: Bewegung heilt.
- Eggert: Psychomotorisches Training.
- Kesper, Hottinger: Mototherapie bei sensorischen Integrationsstörungen.
- Brand, Breitenbach, Meisel: Integrationsstörungen, Diagnose und Therapie im Erstunterricht.

Abbildung 11:
Lautgebärden nach PMS (Phonembestimmtes Manualsystem Schulte) in Martinius und Amorosa (1994)

- Firnhaber: Legasthenie und andere Wahrnehmungsstörungen.
- Mahlstedt: Schreibschritte, vereinfachte Ausgangsschrift.
- Ganser: Lese-Rechtschreibschwierigkeiten, Diagnose, Förderung, Materialien.

Im Zusammenhang mit der Legasthenie wird immer wieder auf Schwierigkeiten in der Raum-Lage-Wahrnehmung (Verwechslung z. B. von d/b, p/q, 6/9 usw.), der Visuo-Motorik, des visuellen Gedächtnisses oder der Serialität (z. B. Einhalten der Reihenfolge von Buchstaben in einem Wort) hingewiesen.

Zu diesem Problembereich finden sich Anregungen bei:

- Ganser: Lese-Rechtschreibschwierigkeiten, Diagnose, Förderung, Materialien.
- Grissemann: Spätlegasthenie und funktionaler Analphabetismus.
- Schenk-Danzinger: Legasthenie. Zerebralfunktionelle Interpretation. Diagnose und Therapie.

c) Aufmerksamkeit

Die Aufmerksamkeitsstörung kann Symptom eines Hyperkinetischen Syndroms sein. In diesem Fall erfolgt die Behandlung im Rahmen eines verhaltenstherapeutischen Vorgehens und (oft kombiniert) einer medikamentösen Hilfe. Die spezifische Aufmerksamkeitsschulung beim Erlernen des Lesens und Rechtschreibens kann dabei eine wichtige Teilhilfe sein. Anleitungen zu Übungen der Aufmerksamkeit im Zusammenhang mit Lesen und Rechtschreibung finden sich bei:

- Breuer, Weuffen: Lernschwierigkeiten am Schulanfang – Schuleingangsdiagnostik und Früherkennnung und Frühförderung.
- Schenk-Danzinger: Legasthenie.
- Grissemann: Spätlegasthenie und funktioneller Analphabetismus.

Zur Förderung der Aufmerksamkeit bei Hyperkinetischem Syndrom:

- Döpfner, Schürmann, Lehmkuhl: Wackelpeter und Trotzkopf. Hilfen bei hyperkinetischem und oppositionellem Verhalten.

7.6 Hilfen für die Hausaufgabensituation

„Hilfe: Hausaufgaben!“ Mit diesen Worten überschreibt Frau Firnhaber in ihrem Buch „Legasthenie und andere Wahrnehmungsstörungen“ das Kapitel. Grundschüler mit Legasthenie verbringen im Vergleich zu Mitschülern nicht weniger Zeit mit den Hausaufgaben, sondern viel mehr Zeit. Besonders trifft dies in der 2. Klasse zu. Dies gilt nicht nur für den Schüler mit Legasthenie, sondern in erheblichem Maße auch für die Eltern, vor allen Dingen in der Regel für die Mütter. Grundschüler mit Legasthenie setzen sich weniger leicht selbstständig an die Hausaufgaben, die Tageszeiten der Hausaufgabenbearbeitung wechseln immer wieder, häufiger werden Hausaufgaben hinausgezögert (nach 15 Uhr erledigt) und sie werden häufiger unterbrochen. Die Hausaufgabenerledigung hängt mit Schulerfolg zusammen. Nach der Grundschulzeit verschlechtern sich leider die Hausaufgabenverhältnisse und Schüler mit Lese- und Rechtschreibstörungen verbringen weniger Zeit bei den Hausaufgaben. Die Bemühungen der Schüler mit Lese-Rechtschreibstörung sind zunächst sehr intensiv, mit den Jahren lassen die Anstrengungen jedoch oft nach. Bei den Schülern der 2. Klasse der Grundschule beaufsichtigen 75 % der Eltern lese- und rechtschreibschwacher Kinder die Hausaufgaben (nur die Hälfte der Eltern nicht lese-rechtschreibschwacher Schüler). Diese Einbezogenheit der Eltern wird in der 8. Schulstufe wesentlich seltener, sie ist niedriger als bei den in der Rechtschreibung durchschnittlichen Schülern (Klicpera, Gasteiger-Klicpera 1995).

Eltern bemerken offensichtlich sehr früh die Schwierigkeiten der Kinder im Erlernen von Lesen und Rechtschreiben. Sie beaufsichtigen die Kinder daher intensiver und versuchen häufiger zu helfen. Dennoch dauern die Hausaufgaben im Grundschulalter wesentlich länger als bei den Klassenkameraden und führen oft nicht zum erwünschten Erfolg. Trotz der großen Bemühung erntet das Kind schließlich doch nur eine schlechte Lese-Rechtschreibnote. Die Gefahr von Konflikt, Motivationsverlust und Resignation ist daher verständlich. Die Betreuung des Kindes durch die Eltern bei der Hausaufgabe ist, wie Frau Firnhaber (1996) es sagt, ein „Zweckbündnis auf Zeit“ oder eine „Notgemeinschaft“, solange der Schüler mit Legasthenie der elterlichen Hausaufgabenhilfe bedarf.

Firnhaber führt folgende Kriterien an, die Voraussetzung sein sollten, wenn Eltern dem Kind mit Legasthenie *bei den Hausaufgaben helfen:*

- Eltern müssen Zeit haben.
- Eltern müssen Geduld haben, da die Hausaufgabenarbeit mühsam ist.
- Eltern müssten Einsicht und Einfühlungsvermögen in die Lese-Rechtschreibschwierigkeiten ihres Kindes haben.
- Eltern sollten selbst die Überzeugung haben, dass ihre Hilfe für das Kind mit Legasthenie gut und richtig ist.
- Wichtig sei die innere Einstimmung. Man müsse den Zeitaufwand von vorn herein einkalkulieren, denn man dürfe in der Hausaufgabenzeit nichts Anderes erledigen wollen.
- Niemand dürfe Eltern verurteilen, die aus mancherlei guten Gründen ihrem Kind nicht helfen könnten (Firnhaber 1996, S. 176–177).

Hausaufgabenhilfe durch Eltern empfiehlt sich grundsätzlich dann nicht, wenn es unvermeidbar bei den Hausaufgaben zu heftigen Streitigkeiten zwischen Eltern und Kind kommt. Je mehr Fehler das Kind bei den Hausaufgaben macht, d. h. je mehr Hilfe der Eltern erfolglos bleibt, desto größer ist das Risiko, dass es zu Missstimmungen kommt. Obwohl Streit und Tränen bei den Hausaufgaben weder vom Kind noch von den Eltern gewollt sind, kann dies aus wechselseitiger Überforderung täglich doch so enden. In diesen Fällen sollte die Hausaufgabenbetreuung fachlich beraten werden und möglichst überwiegend in andere Hände gegeben werden. Auch ist die Lösung in Absprache mit der Schule zu treffen.

Im Folgenden fassen wir einige Gesichtspunkte zusammen, die sich bei der Begleitung des Kindes bei seinen Hausaufgaben bewährt haben. Die Ratschläge sind nicht immer umsetzbar, manchmal auch nicht angebracht, und auch wenn sie wirksam sind, darf man nicht erwarten, dass sich der Erfolg sofort einstellt.

a) Hilfen zur Konzentration

Konzentration ist die Fähigkeit, seine Aufmerksamkeit auf die Dinge zu richten, die für die Aufgabenlösung wichtig sind. Die Konzentrationsfähigkeit ist altersabhängig und tageszeitabhängig. Folgende durchschnittliche Konzentrationsdauer kann angenommen werden:

5–7 Jahre	15 Minuten
8–9 Jahre	20 Minuten
10–12 Jahre	25 Minuten
> 12 Jahre	30 Minuten

Pausen ermöglichen es dem Kind, die Konzentrationsfähigkeit zurückzugewinnen. Pausen entlasten insbesondere das Kind mit Legasthenie vor zu viel Schreibarbeit.

b) Hilfen zur Lernfreude

Der größte Anreiz, Lernfreude zu gewinnen, ist der Lernerfolg. Gerade dies ist bei dem Kind mit Legasthenie bei schriftsprachlichen Aufgaben überaus schwer zu erreichen. Daher ist es wichtig, sich sehr darauf zu konzentrieren, auch kleine Lernfortschritte beim Lesen und Rechtschreiben deutlich anzuerkennen und bereits auch Bemühungen zu bestärken. Ein Fehlerhinweis kann auch durch Hinweise auf das Richtige erfolgen. Eine Hilfe kann auch darin bestehen, dass bei einer Aufsatzaufgabe das Kind der Mutter den Aufsatz „in die Feder" diktiert. Dazu ist eine entsprechende Verständigung mit der Lehrkraft natürlich notwendig. Eltern kommen nämlich oft nicht umhin, dem Kind möglichst viel Schreibarbeit abzunehmen, wenn das Wissen auf andere Weise nachweisbar ist (z. B. mündlich).

c) Strukturierung des Arbeitsablaufes

Um ein planvolles Vorgehen bei der Hausaufgabe zu fördern, kann es hilfreich sein, folgende zwölf Anregungen zu beachten:

- *Die Hausaufgabenzeit:* Die Hausaufgabenzeit sollte möglichst mit dem Kind fest vereinbart sein.
- *Der Hausaufgabenort:* Auch der Ort sollte mit dem Kind festgelegt sein. Es empfiehlt sich, einen Arbeitstisch zu bestimmen, an dem die Hausaufgaben immer erledigt werden.
- *Kurze Besprechung* vor den Hausaufgaben: Vor den Hausaufgaben sollte mit dem Kind besprochen werden, was es auf hat und in welcher Reihenfolge es die Hausaufgaben lösen will. Kinder mit Legasthenie wissen öfter nicht, was sie aufhaben. Eltern von Grundschülern mit Legasthenie sitzen in der Regel bei den Hausaufgaben neben dem Kind. Es kann aber auch möglich sein, vor den Hausaufgaben feste Zeiten zu vereinbaren (alle 5, 10 oder 15 Minuten), zu denen die Eltern in die Hausaufgabensituation hinzukommen. In jedem Fall sollte am Ende der Hausaufgaben eine elterliche Kontrolle stattfinden.

- *Keine Ablenkungsmöglichkeiten:* Günstig ist es, während der Hausaufgabenzeit Ablenkungen vom Kind fern zu halten. Fernsehen, Radiogeräusche oder Geschwisterspiel erschweren die Konzentration.
- *Ordnung auf dem Arbeitstisch:* Die Konzentration wird auch erleichtert, wenn nur die Materialien, die für die jeweilige Hausaufgabe benötigt werden, auf dem Arbeitstisch liegen. Spielsachen oder ähnliches sollten besser weggeräumt sein.
- *Hausaufgabenportionen:* Mit dem Kind lassen sich Hausaufgaben in „Portionen" (Teilschritte) zerlegen und die Abfolge der Hausaufgabenschritte festlegen. Meist empfiehlt es sich, mit der leichteren bzw. mit der vom Kind vorrangig erwünschten Aufgabe zu beginnen, danach die schwerere und am Ende wieder eine leichtere/erwünschte anzuschließen.
- *Lernstoffwechsel* und Lernwegwechsel: Eintönigkeit führt rasch zu Konzentrationsverlust. Wechsel in den Anforderungen erleichtert die Konzentration und verbessert oft die Behaltensleistung. So können z. B. mündliche und schriftliche Aufgaben abwechseln. Es ist auch erwiesen, dass sich ein Lernstoff leichter aneignen lässt, wenn Sehen, Lesen, Hören und Handeln gleichzeitig stattfinden. Die Vermittlung desselben Lernstoffs auf unterschiedlichen Wegen führt zu einer geringeren Vergessensrate:
  - Vermittlung erfolgt durch Hören oder Sehen: Vergessensrate 70–80 %
  - Vermittlung erfolgt durch Hören und Sehen: Vergessensrate 50 %
  - Vermittlung erfolgt durch Hören und Sehen und Handeln: Vergessensrate 30 %.

  Es gibt aber auch Unterschiede von Kind zu Kind. Manche Kinder lernen besser durch Zuhören, das Kind mit Legasthenie eben gerade meist weniger gut durch Lesen.
- *Lesestrategie* befolgen: Für das Sinnerfassen eines Lesestoffes gibt es folgende allgemein gültige Empfehlungen:
  - Suchen: Lese die Überschrift und die Zusammenfassung.
  - Fragen: Stelle Dir aus Überschrift und Zusammenfassung eine Frage, deren Antwort Du aus dem Text erwartest.
  - Lesen: Lese das Kapitel und achte auf Schlüsselwörter.
  - Wiedergabe: Versuche die gestellten Fragen zu beantworten und schreibe Schlüsselworte auf.
  - Rückblick: Formuliere, was Du gelernt hast (Miles, Miles 1999, S. 133).
- *Pausen* einlegen: Da Schüler mit Legasthenie in der Regel an den Hausaufgaben länger Zeit verbringen als ihre Aufmerksamkeit anhalten kann, ist es wichtig, immer wieder Pausen einzulegen. Nach 15 Minuten konzentrierter Arbeit kann sich das Kind in 5 Minuten wieder erholen. Nach der Pause kann auch zunächst mit einer anderen Aufgabe aus einem anderen Schulfach begonnen werden.
- *Hausaufgabenheft:* Ein Hausaufgabenheft sollte in Absprache mit dem Lehrer geführt werden. Untersuchungen haben gezeigt, dass Eltern von Schülern mit Legasthenie unzureichend darüber informiert sind, welche Hausaufgaben dem Kind aufgegeben sind. Mit dem Hausaufgabenheft, in das der Lehrer

selbst die Hausaufgaben eintragen kann, ist den Eltern wie aber auch dem Kind eine Hausaufgabenkontrolle möglich. Die erledigten Hausaufgaben können dann im Hausaufgabenheft abgezeichnet werden. Es hat sich sehr vorteilhaft erwiesen, wenn das Hausaufgabenheft von Lehrer und Eltern genutzt wird, um bestärkende Mitteilungen auszurichten: Fortschritte, besondere Bemühung usw. Eltern können mit dem Heft auch den Lehrern Informationen geben, inwieweit eine Hausaufgabe selbstständig erledigt werden konnte.

- *Schultasche* richten: Es ist zweckmäßig, wenn die Eltern zumindest kontrollieren, ob die Schultasche für den nächsten Tag die notwendigen Materialien enthält. Damit lässt sich eine Hausaufgabensituation abschließen und am nächsten Morgen gibt es keine Hektik.
- *Lob:* Auch wenn es zu schwierig erscheint, das Kind für eine „selbstverständliche" Hausaufgabenleistung zu loben, „tun Sie es trotzdem".

Sechs Wegweiser durch den Hausaufgaben-Dschungel
(modifiziert nach Körndl 1994)

1.) Ich mache meine Hausaufgaben immer zu einer bestimmten Uhrzeit und an einem festen Platz.

Meine Hausaufgabenzeit ist um … Uhr.
Mein Hausaufgabenplatz ist …
Ich hänge ein Schild an die Türe, damit alle wissen, dass ich lerne und sie mich nicht stören.

2.) Ich lege die Dinge auf den Tisch, die ich zum Arbeiten brauche:

Heft, Buch, Mäppchen, Lineal. So kann ich mich konzentrieren und werde nicht von anderen Dingen abgelenkt.

3.) Damit mein Kopf frei wird, mache ich erst eine kleine Übung:

Die geballte Faust
- Balle die Fäuste, so fest es geht.
- Die größte Anspannung nennen wir „Stufe 10".
- Die Anspannung halten, dann langsam nachlassen.
- Gehe auf Stufe 8, … 6, … 4, … 2, … 1 und 0.
- Stufe 0 bedeutet völlige Entspannung.
- Übe drei- bis fünfmal hintereinander.

Der Stuhlzieher
- Greife mit den Händen unter die Sitzfläche.
- Ziehe die Sitzfläche mit aller Kraft nach oben.
- Halte die Spannung.

- Lasse langsam – stufenweise – nach.
- 10, … 8, … 6, … 4, … 2, … 1 und 0.
- Übe dreimal hintereinander.

Der Stuhldrücker
- Umfasse die Sitzfläche mit den Händen.
- Lege die Handballen oben auf die Sitzfläche.
- Drücke mit den Handballen gegen die Sitzfläche.
- Stemme den Körper nicht hoch.
- Halte die Spannung: 10, … 8, … 6, … 4, … 2, … 1 und 0.
- Übe dreimal hintereinander.

4.) Ich teile meine Hausaufgaben in Portionen auf.

Zuerst mache ich eine leichte Aufgabe, um mich „aufzuwärmen“. Dann mache ich die schwierigste Aufgabe, bei der ich mich am meisten konzentrieren muss. Zum Schluss mache ich wieder eine leichtere Aufgabe.

5.) So löse ich meine Aufgaben:

- Schau genau!
- Lese Dir die Aufgabe langsam und laut vor!
- Überlege!
- Beginne dann zu schreiben!
- Hast Du noch keine Lösung, und kommst Du selbst nicht weiter? Dann gehe die bisherigen Schritte nochmals durch.
- Wenn Du gar nicht weiter kommst, hole Dir Hilfe!

6.) Ich mache bei den Hausaufgaben regelmäßig Pausen.

Wenn ich Pausen mache, werde ich nicht so schnell müde und kann mich besser konzentrieren.
Darum mache ich immer nach ungefähr 15 Minuten Arbeit eine Pause von ungefähr 5 Minuten.

Selbstständigkeit bei den Hausaufgaben

In der Regel benötigen Schüler mit Legasthenie eine Hausaufgabenhilfe durch die Eltern. Einem Kind, das die Hilfe benötigt, ist die Hilfe zu geben, so lange es dieser Hilfe bedarf. Dies einzuschätzen ist aber sehr schwierig; denn immer wieder muss geprüft werden, ob eine Hilfe auch weggenommen werden kann, weil das Kind inzwischen eine Hausaufgabe selbstständig bewältigen kann, die es vorher nur mit Hilfe lösen konnte. So kann es lohnend sein, eine Lernreihe zu erstellen, die es Eltern und Kind erleichtert, zu erkennen, inwieweit eine Hausaufgabe selbstständig gemacht werden kann. Ein Beispiel für eine solche Lernreihe hat Innerhofer (1979, S. 107–108) formuliert:

Erster Schritt: Hausaufgaben allein vorbereiten!
Das Kind holt die Schultasche, nimmt das Heft aus der Tasche und schlägt es auf. Sie dürfen ihm dabei nicht helfen, es sei denn, dass dieser Schritt noch zu groß ist.
Zweiter Schritt: In kurzen Abschnitten allein arbeiten!
Sie besprechen mit dem Kind die Aufgabe und versichern sich, dass es die Aufgabe versteht. Sie bleiben dann noch im Zimmer, aber lassen das Kind für drei Minuten allein arbeiten. Nach diesen drei Minuten belohnen Sie es, indem Sie mit ihm sprechen, ein Spiel mit ihm machen usw. Dann besprechen Sie die Aufgabe für die nächsten drei Minuten.
Dritter Schritt: Der Zeitabschnitt wird verlängert!
Wieder besprechen Sie die Aufgabe mit dem Kind. Nun wird die Zeit von drei Minuten auf fünf Minuten gesteigert.
Vierter Schritt: Die Zeitabschnitte werden immer größer!
Sie steigern nun die Zeit auf 10, später auf 15 oder 20 Minuten.
Fünfter Schritt: Die Hausaufgaben allein machen!
Sie besprechen nur noch zu Beginn die Aufgabe mit dem Kind. Dann lassen Sie das Kind allein arbeiten. Erst wenn es damit ganz fertig ist, belohnen Sie. Während der ganzen Zeit aber bleiben Sie daneben sitzen, ohne zu sprechen.
Sechster Schritt: Ausblenden der Anwesenheit!
Auch jetzt beginnen Sie mit kleinen Zeitabschnitten und steigern diese langsam, bis das Kind allein arbeiten kann. Achten Sie sorgfältig darauf, dass die Lernreihe den Fähigkeiten des Kindes angepasst ist. Darauf kommt es besonders an.

Erzieherische Hilfestellung bei der Hausaufgabe

Vielfache Analysen aus Elterntrainings zur Hausaufgabensituation und systematische Beobachtungen zur Eltern-Kind-Interaktion in der Hausaufgabensituation sprechen dafür, dass folgende erzieherische Maßnahmen dem Kind in der Hausaufgabensituation hilfreich sind:

1. Abschirmung von Ablenkung:

- ruhiger Arbeitsplatz
- nur notwendiges Arbeitsmaterial im Arbeitsbereich
- keine Unterbrechung
- konzentriertes, ruhiges Zusehen, wenn man neben dem Kind bei der Hausaufgabe sitzt, solange das Kind selbstständig arbeitet und nicht ganz überfordert ist und ohne Hilfe weiterkommt.

2. Zweckmäßige Hilfe:

- klare Instruktionen geben (sichern, dass Aufgabe verstanden ist)
- Anpassung der Schwierigkeiten einer Aufgabe an das Leistungsvermögen (hier ist beim Schüler mit Legasthenie eine Absprache mit dem Lehrer sinnvoll)
- sachlich neutral auf Fehler hinweisen („Schau hier noch einmal, ob es stimmt" anstatt „Du passt nicht auf")
- bei Fehler auf die letzte richtige Leistung verweisen („Bis hierher ist es richtig")
- auf sachliche, aufgabenbezogene Fragen eingehen
- nicht zu viele Aufforderungen auf einmal geben
- auf Weigerung und Argumentieren nicht eingehen, wenn dies von der Aufgabe ablenkt.

Als eher unweckmäßig hat sich erwiesen:

- Wiederholung bereits verstandener Aufforderung
- Informationen geben, die bereits bekannt sind
- Aufforderung zu mehr Anstrengung, mehr Konzentration, mehr Nachdenken usw.
- Sagen: „Die Aufgabe ist einfach", wenn sie tatsächlich dem Kind schwer fällt
- Verlegenheitsäußerungen („Ach, das schaffst Du schon"; „Erst denken, dann handeln").

8 Prävention

In sehr aufwendigen und sorgfältigen Untersuchungen wurde im letzten Jahrzehnt der Frage nachgegangen, welche grundsätzlichen Fähigkeiten es sind, die es dem Schulanfänger ermöglichen, Lesen und Rechtschreiben zu erlernen und mit welchen Fertigkeiten des Vorschulkindes sich vorhersagen lässt, ob im Schulalter eine Lese-Rechtschreibstörung wahrscheinlich wird oder nicht. Es stellte sich dabei heraus, dass die Fähigkeit des Kindes, mit Sprachlauten umzugehen, seine sog. „phonologische Bewusstheit", eine sehr wichtige und vorhersagekräftige Voraussetzung für das Erlernen von Lesen und Rechtschreiben ist. Erkannt wurde auch, dass die Fähigkeit, Laute (Phoneme) mit Lautzeichen (Grapheme, Buchstaben) zu verbinden und die Orientierung an den visuellen Merkmalen der Schriftsprache wichtig sind.

Unter *phonologischer Bewusstheit* versteht man die Fähigkeit, sprachliche Einheiten wie Wörter, Reime, Silben und Buchstabenlaute (Phoneme) zu erkennen. So bedeutet die „Bewusstheit um Silben" die Fähigkeit des Kindes, ein Wort in seine Silben aufzutrennen, z. B. durch silbenbetontes Lesen oder durch silbenrhythmisches Klatschen (Silbenanalyse). Es bedeutet auch, Silben zu einem vollständigen Wort verbinden zu können, wie z. B. „Kin-der-gar-ten" (Silbensynthese). Ausdruck phonologischer Bewusstheit ist ebenso das Vermögen, ein Wort in seine Einzellaute zu untergliedern (Lautanalyse), also z. B. aus dem Wort „Auto" die Einzellaute au/t/o herauszuhören oder aus Einzellauten ein Wort zu bilden (Lautsynthese). Längsschnittstudien haben gezeigt, dass Vorschulkinder, die Aufgaben zur phonologischen Bewusstheit gut lösen, mit großer Wahrscheinlichkeit ohne Schwierigkeiten nach der Einschulung Lesen und Rechtschreiben erlernen und dass umgekehrt, Vorschulkinder, die Schwierigkeiten haben, Reime zu erkennen oder Wörter in Silben und Laute zu zerlegen, sich sehr wahrscheinlich beim Erlernen des Lesens und Rechtschreibens schwer tun werden.

Das Bielefelder Screening-Verfahren (BISC, Jansen et al. 1999) ermöglicht die Früherkennung von Kindern im letzten Kindergartenjahr, die wahrscheinlich im Schulalter Lese- und Rechtschreibschwierigkeiten entwickeln. Eine Vorhersage mit dem Screening-Verfahren ließ sich bis in das 9. Schuljahr hinein nachweisen.

Die Würzburger Arbeitsgruppe um Professor Schneider, Lehrstuhlinhaber für Pädagogische Psychologie und Entwicklungspsychologie an der Universität Würzburg, hat ein Trainingsprogramm zur Frühförderung der phonologischen Bewusstheit entwickelt, das bereits im Kindergarten eingesetzt werden kann, um den Kindern einen günstigen „Start" beim Schriftspracherwerb in der Schule zu ermöglichen.

An dieser Stelle sei auf das Bielefelder Screening-Verfahren und auf das Würzburger Frühförderprogramm näher eingegangen, weil beide Ansätze durch längsschnittliche Untersuchungen ihre Gültigkeit nachgewiesen haben.

8.1 Die Früherkennung von Kindern, die Lese- und Rechtschreibstörungen entwickeln können

Im Bielefelder Screening-Verfahren (Jansen et al. 1999) werden neben der phonologischen Bewusstheit bestimmte Gedächtnisfunktionen und Fertigkeiten der visuellen Aufmerksamkeit gemessen.

Die phonologische Bewusstheit im weiteren Sinne wird durch Aufgaben zum „Silben-Segmentieren" (Silben-Untergliedern) und „Reimaufgaben" geprüft. So soll etwa das Wort „Ga-bel" durch Händeklatschen in Sprechsilben untergliedert werden. Bei „Reimpaaren" soll das Kind erkennen, ob zwei Wörter ähnlich klingen oder nicht, wie z. B. „Kind/Wind" oder „Kind/Stuhl". Die phonologische Bewusstheit im engeren Sinne wird mit „Laut-zu-Wort-Vergleich" (Hörst Du ein „i" in „Igel"?) und „Laute assoziieren" geprüft. Beim Laute assoziieren wird dem Kind eine Bildkarte mit vier Abbildungen vorgelegt (z. B. Maus, Mond, Haus, Leiter) und das zugehörige Wort lautlich getrennt vorgesprochen, z. B. als „/m/-/aus/". Das Kind hat daraus das vollständige Wort zu erraten. Die Abrufgeschwindigkeit aus dem Langzeitgedächtnis wird durch Aufgaben zum „Schnellen Benennen von Farben" farbiger bzw. falsch farbiger Objekte erfasst. So wird etwa eine schwarz-weiß-Vorlage von vier bekannten Objekten (Pflaume, Tomate, Zitrone und Salat) dargeboten. Die Farben der Objekte sollen nun so schnell wie möglich benannt werden. Die Speicherfähigkeit des Arbeitsgedächtnisses für sprachliches Material wird durch Aufgaben zum Nachsprechen von Pseudowörtern (sinnlosen Buchstabenfolgen) wie z. B. „Sambambula" untersucht. Das Kind soll sich das unbekannte Wort kurz einprägen und dann wiedergeben. Die „Wort-Vergleich-Suchaufgabe" prüft die visuelle Aufmerksamkeit. Das Kind muss hierbei ein Standardwort einem identischen Wort aus vier alternativen Wörtern zuordnen. Bei dieser letzten Aufgabe gehen auch Fähigkeiten der visuellen Analyse von Buchstabenfolgen ein. Vorschulkinder, die in den Aufgaben des Bielefelder Screening-Verfahrens schlecht abschneiden, laufen Gefahr, Schwierigkeiten beim Lesen- und Schreibenlernen in der Schule zu entwickeln. Mit Hilfe des Screenings lassen sich demnach „gefährdete Kinder" (Risikokinder) bereits im Vorschulalter identifizieren, so dass frühzeitig entsprechende Fördermaßnahmen, wie z. B. das Würzburger Trainingsprogramm der phonologischen Bewusstheit (Küspert, Schneider 2000) eingeleitet werden können.

8.2 Frühförderung von Komponenten des Lesens und Rechtschreibens als Prävention

In drei Würzburger Trainingsstudien wurden internationale Untersuchungsergebnisse bestätigt, dass lautsprachliche (phonologische) Übungen beim Vorschulkind das Erlernen von Lesen und Rechtschreibung im Schulalter erleichtern können. Bei diesem Programm wird nicht bereits Lesen oder Rechtschreibung geübt! Trainiert wird die auditive Analyse und Synthese von Wörtern, Reimen, Silben oder Lauten in der gesprochenen Sprache (= phonologische Bewusstheit). Das phonologische Förderprogramm besteht aus sechs Übungseinheiten und wird von Erzieherinnen in Kindergärten durchgeführt, um Vorschulkinder gezielt auf das Lesen und Schreibenlernen in der Schule vorzubereiten (Küspert, Schneider 2000):

1. Lauschspiele
2. Reimspiele
3. Sätze und Wörter
4. Silbensynthese und -analyse
5. Anlautidentifikation
6. Phonemsynthese und -analyse (siehe Tabelle 7)

Tabelle 7:
Trainingseinheiten des phonologischen Bewusstheitstrainings (Schneider, Roth, Küspert 1999)

Trainingseinheit	Inhalte
1. Lauschspiele	Geräuschen lauschen, Flüsterspiele
2. Reimen	Reime nachsprechen, Reimwörter finden
3. Satz und Wort	Zerlegen von Sätzen in Wörtern, Verbinden von Wörtern (z. B. Schnee-Mann)
4. Silben	Silbenklatschen, -tanzen Zerlegen von Wörtern in Silben (Analyse), Zusammenfügen von Silben zu Wörtern (Synthese)
5. Anlaut	Indentifikation/Manipulation des ersten Lautes im Wort
6. Phoneme	Zerlegen von Wörtern in Einzellaute (Analyse), Zusammenfügen von Lauten zu Wörtern (Synthese)

Das Programm beginnt mit *Lauschspielen*, in denen die Kinder lernen, ihre Aufmerksamkeit auf Geräusche und Laute in der Umgebung zu richten. Die Erzieherin erzeugt beispielsweise ein künstliches Geräusch, wenn sie einen Schlüssel fallen lässt oder ein Papier zerknüllt, was die Kinder mit geschlossenen Augen identifizieren sollen.

In *Reimspielen* werden die Kinder für die Lautstruktur der Sprache sensibilisiert, indem sie sich von der Wortbedeutung abwenden und auf den Klang der Sprache achten. Zunächst spricht die Erzieherin Reime vor und lässt die Kinder nachsprechen. Später dürfen die Kinder frei reimen, wobei es unerheblich ist, ob das Gereimte einen Sinn ergibt. Es schließen sich Satzspiele an, bei denen Reime ergänzt werden sollen (z. B. „Eine Katze hat 'ne … [Tatze]."). Im dritten Trainingsabschnitt werden die Kinder mit den sprachlichen Konzepten *Satz und Wort* vertraut gemacht. So soll beispielsweise jedes Wort eines Satzes mit Legoklötzchen gelegt werden, um die Wortgrenzen in einem Satz bewusst zu machen. Es wird weiterhin gezeigt, wie zwei Wörter zu einem neuen Wort zusammengefügt werden können (z. B. aus „Schnee" und „Mann" wird Schneemann) oder ein zusammengesetztes Wort in zwei Wörter zerlegt werden kann (z. B. „Kaffeemaschine" in „Kaffe" und „Maschine").

Spiele zum Umgang mit *Silben* bilden den vierten Übungsabschnitt. Zunächst geht es darum, die Silbengrenzen durch Händeklatschen und rhythmisches Sprechen akustisch wahrzunehmen. Weitere Spiele beziehen die Motorik mit ein, so dass den Kindern durch die Bewegungen die Silbengrenzen verdeutlicht werden. Ein beliebtes Spiel ist die Geschichte eines Kobolds, der tief im Wald wohnt und die Kinder zu sich einlädt, um ihnen Geschenke zu machen. Da der lustige Geselle in sehr merkwürdiger Weise spricht, nämlich in Silben, müssen die Kinder erraten, was er ihnen schenken will (z. B. „Lo-ko-mo-ti-ve" oder „Zi-tronen-li-mo-na-de").

Schließlich wird die kleinste sprachliche Einheit, das Phonem (Buchstabenlaut) eingeführt. Der fünfte Übungsabschnitt beginnt mit der *Identifikation des Anfangslautes* im Wort. Zunächst sollen Vokale am Wortanfang erkannt werden. Hierzu wird der erste Laut eines Wortes besonders betont und gedehnt gesprochen (z. B. Aaapfel). Diese ungewöhnliche Sprechweise lenkt die Aufmerksamkeit des Kindes gezielt auf den Anfangslaut und fordert die Kinder auf, ein Wort deutlich zu artikulieren.

In den letzten Übungen geht es abschließend um das Verbinden und Analysieren von Buchstabenlauten (*Lautsynthese und Lautanalyse*). Bei der Lautsynthese sollen isoliert vorgesprochene Buchstabenlaute zu einem Wort zusammengefügt werden. Den Anfang bilden kurze einfache Wörter. Bei der Lautanalyse müssen umgekehrt die einzelnen Laute innerhalb eines Wortes erkannt werden. Die Kinder arbeiten sich hierbei Laut für Laut im Wort voran. Unter Hilfestellung üben die Kinder schrittweise vorzugehen und zuerst den ersten Laut, dann den zweiten Laut usw. in einem Wort zu hören. Jeder erkennbare Laut wird dabei mit einem Legoklötzchen gekennzeichnet, um den Kindern den einzelnen Buchstabenlaut als eine unterscheidbare sprachliche Einheit bewusst zu machen.

Ein wichtiger Bestandteil des Trainingsprogramms ist ein detaillierter Zeitplan, der genau festlegt, welche Spiele an welchen Trainingstag durchgeführt werden sollen. Pro Tag sind hierfür 10–15 Minuten einzuplanen über 20 Wochen hinweg. Die einzelnen Übungen sind sehr kindgerecht konzipiert. Das Trainingsprogramm ist vornehmlich für den Vorschulbereich entwickelt worden. Die letzten Trainingssequenzen können aber auch sehr gut im Erstleseunterricht verwendet werden.

Das Trainingsprogramm ist dadurch ausgezeichnet, dass es in drei Würzburger Studien entwickelt und die Wirksamkeit wissenschaftlich überprüft wurde. Es zeigte sich, dass die Gruppe von Vorschulkindern, die an dem Training der phonologischen Bewusstheit teilgenommen hatte, deutlich bessere Leistungen im Lesen und Schreiben in der Grundschule aufwies als eine Vergleichsgruppe, die dieses spezielle Training nicht erhalten hatte. Schließlich ließ sich nachweisen, dass insbesondere auch „gefährdete" Kinder, mit sprachlichen Defiziten im Bereich der phonologischen Bewusstheit, von dem Training profitierten, wenn zusätzlich noch einige Buchstaben geübt wurden. Die trainierten zuvor „gefährdeten" Kinder hatten durch die frühe Förderung einen wesentlich besseren Start in der Schule beim Lesen- und Schreibenlernen (Schneider, Roth & Küspert 1999; Schneider, Roth, Ennemoser 2000).

Als Materialien zur Frühdiagnose und Frühförderung eignen sich:

- Küspert, Schneider (2000): Hören, lauschen, lernen. Sprachspiele für Kinder im Vorschulalter.
- Küspert, Roth, Schneider (2001): Multimedia-Spiele aus dem Würzburger Trainingsprogramm zur phonologischen Bewusstheit.
- Breuer, Weuffen (1993): Lernschwierigkeiten am Schulanfang – Schuleingangsdiagnostik zur Früherkennung und Frühförderung.

9 Literaturübersicht

9.1 Allgemeine Literatur

Amorosa, H., Müller-Egloff, E., Pretzlik E.: Treatment approaches in dyslexia. Acta Paedopsychiatrica, 56, 199–202, 1994.

Baving, L., Schmidt, M. H.: Testpsychologie zwischen Anspruch und Wirklichkeit am Beispiel der Intelligenzdiagnostik. Zeitschrift für Kinder- und Jugendpsychiatrie und Psychotherapie 28, 163–176, 2000.

Behrndt, S.-M., Steffen, M. (Hrsg.): Lese-Rechtschreibschwäche im Schulalltag. Lang, Frankfurt 1996.

Betz, D., Breuninger, H.: Teufelskreis Lernstörungen. 3. Auflage. Beltz, Weinheim 1993.

Bundesverband Legasthenie (Hrsg.): Kongressberichte seit 1976 ff. Königstraße 32, 30175 Hannover.

Castell, R., Le Pair, A., Amon, P., Schwarz, A.: Lese- und Rechtschreibförderung von Kindern durch Computerprogramme. Zeitschrift für Kinder- und Jugendpsychiatrie und Psychotherapie, 28, 247–253, 2000.

Deutsche Gesellschaft für Kinder- und Jugendpsychiatrie und Psychotherapie et al. (Hrsg.). Leitlinien zur Diagnostik und Therapie von psychischen Störungen im Säuglings-, Kindes- und Jugendalter. Deutscher Ärzte-Verlag, Köln 2000.

Deutsche Gesellschaft für Kinder- und Jugendpsychiatrie und Psychotherapie et al.: Stellungnahme der Fachverbände für Kinder- und Jugendpsychiatrie und Psychotherapie zum KJHG. Zeitschrift für Kinder- und Jugendpsychiatrie und Psychotherapie, 23, 219–232, 1995.

Dilling, H., Mombour, W., Schmidt, M. H. (Hrsg.): Internationale Klassifikation psychischer Störungen. ICD-10 Kapitel V (F) Klinisch-diagnostische Leitlinien. Huber, Bern 1991.

Grimm, T., Noethen, M., Schulte-Körne, G.: Zur Genetik der Legasthenie. Sprache, Stimme, Gehör 22, 8–12, 1998.

Hulme, C., Snowling, M. (Eds.). Dyslexia, Biology, Cognition and Intervention. Whurr Publishers, London 1999.

Innerhofer, P.: Kleine Psychologie für Eltern. Moderne Verlags-Gesellschaft, München, 1979.

Klicpera, C., Gasteiger-Klicpera, B.: Psychologie der Lese-Rechtschreibschwierigkeiten. Entwicklung, Ursachen, Förderung. Beltz, Weinheim 1995.

Körndl, M.: Konzentration, fünf Schritte zum Erfolg. Wolf, Frankfurt, 1994.

Kultusministerium des Landes Mecklenburg-Vorpommern (Hrsg.): Abschlussbericht zur Früherkennung und Frühförderung von Schülern mit Lese-Rechtschreibschwierigkeiten an Schulen in Mecklenburg-Vorpommern. Schwerin 1998.

Lauth, G. W., Brack, U. B., Linderkamp, F. (Hrsg.): Verhaltenstherapie mit Kindern und Jugendlichen. Praxishandbuch. Beltz PVU, Weinheim 2001.

Martinius, J., Amorosa, H.: Teilleistungsstörungen. Quintessenz, Berlin 1994.

Melchers, P., Lehmkuhl, G.: Neuropsychologische Diagnostik im Kindes- und Jugendalter. Zeitschrift für Kinder- und Jugendpsychiatrie und Psychotherapie 28, 177–187, 2000.

Miles, T. R., Miles, E.: A hundred years on dyslexia. Open University Press, Philadelphia, 1999.
Ministerium für Bildung, Wissenschaft, Forschung und Kultur des Landes Schleswig-Holstein: Lese-Rechtschreibschwäche (Legasthenie). Kiel 1994.
Poustka, F., van Goor-Lambo, G.: Fallbuch Kinder- und Jugendpsychiatrie. Erfassung und Bewertung belastender Lebensumstände von Kindern nach Kapitel V (F) der ICD-10. Huber, Bern 2000.
Remschmidt, H., Schmidt, M., Poustka, F.: Multiaxiales Klassifikationsschema für psychische Störungen des Kindes- und Jugendalters nach ICD-10 der WHO, 4. Auflage. Huber, Bern 2001.
Remschmidt, H., Walter, R.: Psychische Auffälligkeiten bei Schulkindern. Hogrefe, Göttingen 1990.
Rispens, J., van Yperen, T. A., Yule, W. (Eds.): Perspectives on the Classification of Specific Developmental Disorders. Kluwer, Dordrecht 1998.
Schenk-Danzinger, L.: Legasthenie. Zerebral-funktionelle Interpretation, Diagnose und Therapie. 2. Auflage. Rheinhardt, München 1991.
Schneider, W., Roth E., Küspert, P.: Frühe Prävention von Lese-Rechtschreibproblemen: Das Würzburger Trainingsprogramm zur Förderung sprachlicher Bewusstheit bei Kindergartenkindern. Kindheit und Entwicklung, 8, 147–152, 1999.
Schneider, W., Roth, E., Ennemoser, M.: Training phondogical skills and letter knowledge in children at risk für dyslexia. A comparison of three Kindergarten intervention programs. Journal of Educational Psychology, 92, 284–95, 2000.
Schäfer, W. D., Mühlendyck, L. L.: Legasthenie und okulär bedingte Lesestörungen. In: Haase, P. (Hrsg.), Schreiben und Lesen sicher lehren und lernen (S. 121–132). Borgmann, Dortmund 2000.
Schulte-Körne, G., Deimel, W., Remschmidt, H.: Das Marburger Eltern-Kind-Rechtschreibtraining – Verlaufsuntersuchung nach zwei Jahren. Zeitschrift für Kinder- und Jugendpsychiatrie und Psychotherapie, 26, 167–73, 1998.
Steinhausen, H. C., von Aster, M. G. (Hrsg.): Verhaltenstherapie und Verhaltensmedizin bei Kindern und Jugendlichen. 2. Auflage. PVU, Weinheim 1999.
Steinhausen, H. C.: Seelische Störungen im Kindes und Jugendalter. Klett-Cotta, Stuttgart 2000.
Thomson, M. E., Watkins, E. J.: Dyslexia. A teaching handbook. Whurr Publishers, London, 1998.
Warnke, A.: Legasthenie und Hirnfunktion. Huber, Bern 1990.
Warnke, A.: Sozialrechtliche Hilfen für Schüler mit Lese-Rechtschreibstörung. Kindheit und Entwicklung, 8, 167–170, 1999.
Warnke, A., Niebergall, G.: Legasthenie und Rechenstörungen. In: Remschmidt, H. (Hrsg.), Psychotherapie des Kindes- und Jugendalters. Thieme, Stuttgart 1997.
Warnke, A., Roth, E.: Umschriebene Lese-Rechtschreibstörung. In: Petermann F. (Hrsg.): Lehrbuch der klinischen Kinderpsychologie und -psychotherapie. 453–476. Hogrefe, Göttingen 2000.
Wiesner, R.: Konsequenzen der Reform des Kindschaftsrechts für die Jugendhilfe. Zentralblatt für Jugendrecht, 84, 29–35, 1997.
Wilsher, C., Atkins, G., Manfield, P.: Effect of Piracetam on dyslexic's reading ability. Journal of Learning Disabilities, 18, 19–25, 1985.

9.2 Psychologische Testverfahren

Althoff, L., Greif, S., Henning, G., Hess, H., Röber, J.: Rechtschreibungstest (RT). Dt. Gesellschaft für Personalwesen e.V. 2. Auflage. Hogrefe, Göttingen 1974.
Amthauer, R., Brocke, B., Liepmann, D., Beauducel, A.: Intelligenz-Struktur-Test 2000. Hogrefe, Göttingen 1999.
Angermaier, M.: Psycholinguistischer Entwicklungstest (PET). 2. Auflage. Beltz, Weinheim 1974.

Aster, M. von: ZAREKI (Zahlenverarbeitung und Rechnen bei Kindern). Testverfahren zur Dyskalkulie. Swets Testservices, Frankfurt 2001.

Birkel, P.: Weingartener Grundwortschatz Rechtschreibtest für erste und zweite Klassen (WRT 1+). Hogrefe Göttingen, 1995.

Birkel, P.: Weingartener Grundwortschatz Rechtschreibtest für zweite und dritte Klassen (WRT 2+). Hogrefe Göttingen 1994.

Birkel, P.: Weingartener Grundwortschatz Rechtschreibtest für dritte und vierte Klassen (WRT 3+). Hogrefe Göttingen 1994.

Birkel, P.: Grundwortschatz Rechtschreibtest für vierte und fünfte Klassen (GRT 4+). Beltz, Weinheim 1998.

Bondy, L., Cohen, R., Eggert, D., Lüer, G.: Hamburger Version der Lincoln Oseretzky Motor Development Scale (LOS) in der Testbatterie für geistig behinderte Kinder (TBGB). Beltz, Weinheim 1971.

Bondy, L., Cohen, R., Eggert, D., Lüer, G.: Peabody Picture Vocabulary Scale (PPVT) in der Testbatterie für geistig behinderte Kinder (TBGB). Beltz, Weinheim 1971.

Brickenkamp, R.: Aufmerksamkeits-Belastungstest d2. Hogrefe, Göttingen 1981.

Esser, G., Blanz, B., Geisel, B., Lauth, M.: Mannheimer Elterninterview (MEI). Strukturiertes Interview zu Erfassung von kinderpsychiatrischen Auffälligkeiten. Beltz, Weinheim 1989.

Grimm, H.: Heidelberger Sprachentwicklungstest (HSET). 2. Auflage. Hogrefe, Göttingen 1996.

Grissemann, H., Baumberger, W.: Zürcher Leseverständnistest (ZLVT für das 4.–6. Schuljahr). Huber, Bern 1986.

Grund, M., Haug, G., Naumann, C. L. (Hrsg.): Ingenkamp, K.: Diagnostischer Rechtschreibtest für 4. Klassen (DRT 4). Beltz, Weinheim 1994.

Grund, M., Haug, G., Naumann, C. L. (Hrsg.): Ingenkamp, K.: Diagnostischer Rechtschreibtest für 5. Klassen (DRT 5). Beltz, Weinheim 1994.

Haecker, H., Bulheller, S. (Hrsg.): Advanced Progressive Matrices – APM. Swets-Test, Frankfurt 1998.

Haffner, J., Pfüller, U., Resch, F., Strehlow, U., Zerahn-Hartung, C.: Neue Normen für das Diktat C „Moselfahrt" aus dem Rechtschreibungstest R-T. Abteilung für Kinder- und Jugendpsychiatrie der Psychiatrischen Klinik der Universität Heidelberg 1995.

Heller, K. A., Kratzmeier, H., Lengfelder, A.: Advanced Progressive Matrices – APM. Beltz-Test, Göttingen 1998.

Heller, K. A., Kratzmeier, H., Lengfelder, A.: Standard Progressive Matrices – SPM. Beltz-Test, Göttingen 1998.

Hemminger, U., Roth, E., Schneck, S., Jans, T., Warnke, A.: Testdiagnostische Verfahren zur Überprüfung der Fertigkeiten im Lesen, Rechtschreiben und Rechnen. Zeitschrift für Kinder- und Jugendpsychiatrie und Psychotherapie 28, 188–201, 2000.

Jansen, H., Mannhaupt, G., Marx, H., Skowronek, H.: Bielefelder Screening zur Früherkennung von Lese-Rechtschreibschwierigkeiten (BISC). Hogrefe, Göttingen 1999.

Kaufman, A. S., Kaufman, N. L.: Kaufman Assessment Battery für Children (K-ABC), deutschsprachige Fassung: P. Melchers & U. Preuss. Swets & Zeitlinger B. V., Amsterdam 1994.

Kiese, C., Kozielski, P. M.: Aktiver Wortschatztest für drei- bis sechsjährige Kinder (AWST). Beltz, Weinheim 1979.

Kiphard, E., Schilling, F.: Körperkoordinationstest für Kinder – KTK. Beltz, Weinheim 1974.

Krajewski, K., Küspert, P., Schneider, W.: Deutscher Mathematiktest für 1. Klassen (DEMAT 1+). Hogrefe, Göttingen 2002, im Druck.

Kubinger, K. D., Wurst, E.: Adaptives Intelligenz Diagnostikum 2 (AID 2). Beltz-Test, Göttingen 2000.

Küspert, P., Schneider, W.: Würzburger Leise Leseprobe (WLLP). Hogrefe, Göttingen 1999.

Landerl, K., Wimmer, H., Moser, E.: Salzburger Lese-Rechtschreibtest (SLRT). Huber, Bern 1997.

Lauth, G. W., Roth, N., Schlottke, P. F., Schmidt, A.: Continuous Performance Test (CPT-K) – Kinderform. Beltz, Weinheim 1993.

Linder, M., Grissemann, H.: Zürcher Lesetest (ZLT), 5. Aufl. Huber, Bern 1996.

Lockowandt, O.: Frostigs Entwicklungstest der visuellen Wahrnehmung – FEW. Beltz, Weinheim 1990.

Marx, H.: Knuspels Leseaufgaben (KNUSPEL-L). Hogrefe, Göttingen 1998.

Meis, R., Ingenkamp, K.: Diagnostischer Rechtschreibtest für 4. und 5. Klassen (DRT 4–5). Beltz, Weinheim 1991.

Melfsen, S.: Die deutsche Fassung der Social Anxiety scale für Children Revised (SASC-R-D). Diagnostica, 44, 153–163, 1998.

Melfsen, S., Florin, I.: Ein Fragebogen zur Erfassung sozialer Angst bei Kindern (SASC-R-D). Kindheit und Entwicklung, 6, 224–229, 1997.

Melfsen, S., Florin, I., Warnke, A.: SPAIK. Sozialphobie und Angstinventar für Kinder. Hogrefe, Göttingen (im Druck).

Müller, R.: Diagnostischer Lesetest zur Frühdiagnose von Lesestörungen (DLF 1–2). Beltz, Weinheim 1984.

Müller, R., Ingenkamp, K.: Diagnostischer Rechtschreibtest für 1. Klassen (DRT 1). Beltz, Weinheim 1994.

Müller, R., Ingenkamp, K.: Diagnostischer Rechtschreibtest für 2. Klassen (DRT 2). 3. Auflage. Beltz, Weinheim 1990.

Müller, R., Ingenkamp, K.: Diagnostischer Rechtschreibtest für 3. Klassen (DRT 3). 3. Auflage. Beltz, Weinheim 1991.

Overmeyer, S., Schmidt, M. H., Blanz, B.: Die Einschätzungsskala der Schulverweigerung (ESV). Kindheit und Entwicklung, 3, 238–243, 1994.

Rathenow, P.: Westermann Rechtschreibtest 4/5. 2. Auflage. Westermann, Braunschweig 1980.

Rathenow, P., Laupenmühle, D., Vöge, J.:Westermann Rechtschreibtest 6+ (WRT 6+).Westermann, Braunschweig 1981.

Rollet, B., Bartram, M.: Anstrengungsvermeidungstest – AVT (3. überarbeitete Auflage). Hogrefe, Göttingen 1998.

Samstag, K., Sander, A., Schmidt, R.: Diagnostischer Rechentest für 3. Klassen (2. Aufl.). Beltz, Weinheim 1992.

Schlange, H., Stein, B., von Boetticher, I., Taneli, S.: Göttinger Formreproduktions-Test (GFT) zur Diagnose der Hirnschädigung im Kindesalter. 3. Auflage, Hogrefe, Göttingen 1977.

Schmidt, K. H., Metzler, P.: Wortschatztest (WST). Beltz, Weinheim, 1992.

Schuhfried: Wiener Determinationsgerät. Schuhfried, Moedling 1996.

Snijders, J. T., Tellegen, P. J., Laros, J. A.: Snijders-Oomen nonverbaler Intelligenztest – SON-R 5 1/2 – 17. Swets-Test, Frankfurt 1997.

Steinert, J.: Allgemeiner Deutscher Sprachtest (ADST). Hogrefe, Göttingen 1977.

Tewes, U.: Hamburg-Wechsler Intelligenztest für Erwachsene (HAWIE-R). Huber, Bern 1991.

Tewes, U., Rossmann, P., Schallberger, U. (Hrsg.): Hamburg-Wechsler Intelligenztest für Kinder – Dritte Auflage (HAWIK-III). Huber, Bern 1999.

Weiß, R. H.: Grundintelligenztest Skala 2 – CFT 20 (3. verbesserte und erweiterte Auflage). Hogrefe, Göttingen 1987.

Weiß, R. H., Osterland, J.: Grundintelligenztest Skala 1 – CFT 1 (5. revidierte Auflage). Hogrefe, Göttingen 1997.

Wieczerkowski, W., Nickel, H., Jankowski, A., Fittkau, B., Rauer, W.: Angstfragebogen für Schüler (AFS). Hogrefe, Göttingen 1975.

9.3 Förderprogramme

Blumenstock, L.: Handbuch der Leseübungen. Vorschläge und Materialien zur Gestaltung des Erstleseunterrichts mit dem Schwerpunkt im sprachlich-akustischen Bereich. Beltz, Weinheim 1983.

Breuer, H., Weuffen, M.: Gut vorbereitet auf das Lesen- und Schreibenlernen. Volk und Wissen, Berlin 1990.

Breuer, H., Weuffen, M.: Lernschwierigkeiten am Schulanfang. Schuleingangsdiagnostik zur Früherkennung und Frühförderung. Beltz, Weinheim 1993.

Breuninger, H., Betz, D.: Jedes Kind kann schreiben lernen. Beltz, Weinheim 1989.

Doernberg, G.: Die Betreuung von Legasthenikern der Sekundarstufe 1 in der Schulpraxis. Diesterweg, Frankfurt 1978.

Dürr, H.: Lese- und Rechtschreibschwäche. In: Lauth, G. W., Brack, U. B., Linderkamp, F. (Hrsg.): Verhaltenstherapie mit Kindern und Jugendlichen (S. 212–220). Praxishandbuch. Beltz PVU, Weinheim 2001.

Dummer-Smoch, L.: Mit Phantasie und Fehlerpflaster. Hilfen für Eltern und Lehrer legasthenischer Kinder. 3. Auflage. Reinhardt, München 1998.

Dummer-Smoch, L., Hackethal, R: Handbuch zum Kieler Leseaufbau (4. überarbeitete Auflage). Veris, Kiel 1994.

Dummer-Smoch, L., Hackethal, R.: Handbuch zum Kieler Rechtschreibaufbau (3. überarbeitete Auflage). Veris, Kiel 1996.

Ganser, B.: Lese-Rechtschreibschwierigkeiten. Diagnose, Förderung, Materialien. Auer, Donauwörth 2000.

Grissemann, H.: Psycholinguistische Lese-Rechtschreibförderung. Eine Arbeitsmappe zum klinisch sonderpädagogischen Einsatz. 2. vollständig überarbeitete Auflage. Huber, Bern 1998.

Grissemann, H. Rosen, H.: Lesen, denken, schreiben (Band 1 und 2). Lipura, Rangendingen 1997.

Hackethal, R.: Zehn Schritte zur Rechtschreibung. Gemeinsam richtig anfangen. Megalopolis, Schwerin 1995.

Hoffmann, H., Koschay, E.: Erarbeitung einer „LRS-spezifischen Lesehilfe“ für Kinder mit Lese-Rechtschreibschwäche. In: Behrndt, S.-M., Steffen, M. (Hrsg.), Lese-Rechtschreibschwäche im Schulalltag, 211–230. Lang, Frankfurt 1996.

Klicpera, C., Gasteiger-Klicpera, B.: Lese-Rechtschreibprobleme – Einführung in den Themenschwerpunkt. Kindheit und Entwicklung, 8, 131–134, 1999.

Körndl, M: Konzentration – fünf Schritte zum Erfolg. Wolf, Regensburg 1994.

Kossow, H.-J.: Therapie der Lese-Rechtschreibschwäche. Deutscher Verlag der Wissenschaften, Berlin 1979.

Kossow, H.-J.: Leitfaden zur Bekämpfung der Lese-Rechtschreibschwäche. Übungsbuch und Kommentare (2. Auflage). Deutscher Verlag der Wissenschaften, Berlin 1991.

Krenn, R., Kowarik, O.: Horchen Zeigen Lesen. Jugend und Volk, Wien 1982.

Kretschmann, R.: Deutsch-Training. Diktate. Hilfen für Lese-Rechtschreibschwäche. (Lernmaterialien). Oldenbourg, München 1999.

Kretschmann, R.: Deutsch-Training. So lernst Du lesen und schreiben. Hilfen für Lese-Rechtschreibschwäche. (Lernmaterialien). Oldenbourg, München 1999.

Küspert, P., Schneider, W.: Hören, lauschen, lernen. Sprachspiele für Kinder im Vorschulalter. Würzburger Trainingsprogramm zur Vorbereitung auf den Erwerb der Schriftsprache (2. Auflage). Vandenhoeck & Ruprecht, Göttingen 2000.

Mahlstedt, D.: Lernkiste Lesen und Schreiben. Fibelunabhängie Materialien zum Lesen- und Schreibenlernen für Kinder mit Lernschwächen. Beltz, Weinheim 1994.

Mahlstedt, D.: Schreibschritte, vereinfachte Ausgangsschrift. Beltz, Weinheim 1982.

Mannhaupt, G.: Strategische und entwicklungsorientierte Fördermaßnahmen für das Rechtschreiben. Kindheit und Entwicklung, 8, 158–161, 1999.

Marx, H.: Fördermaßnahmen zur Verbesserung der Lese-Rechtschreibfertigkeiten im Sekundarstufenbereich. Kindheit und Entwicklung, 8, 162–166, 1999.

Milz, I.: Sprechen, Lesen, Schreiben. Teilleistungsschwächen im Bereich der gesprochenen und geschriebenen Sprache. Schindele, Heidelberg 1994.

Möckel, A.: Lese-Rechtschreibschwäche als didaktisches Problem. Klinkhardt, Bad Heilbrunn 1997.

Müller, H., Vollmer, U.: Rechtschreibblätter. Persen, Horneburg 1993.

Naegele, I. M., Valtin, R. (Hrsg.): LRS in den Klassen 1–10 (Band 1 und 2). Beltz, Weinheim 2000.

Reuter-Liehr, C.: Lautgetreue Rechtschreibförderung. Winkler-Verlag, Bochum 1992.

Reuter-Liehr, C.: Behandlung der Lese-Rechtschreibschwäche nach der Grundschulzeit: Anwendung und Überprüfung eines Konzeptes. Zeitschrift für Kinder- und Jugendpsychiatrie, 21, 135–147, 1993.

Roth, E., Warnke, A.: Therapie der Lese-Rechtschreibstörung. Kindheit und Entwicklung 10, 87–96, 2001.

Scheerer-Neumann, G.: Rechtschreibtraining mit rechtschreibschwachen Hauptschülern auf kognitionspsychologischer Grundlage: Eine empirische Untersuchung. Westdeutscher Verlag, Opladen 1988.

Schulte-Körne, G., Mathwig, F.: Das Marburger Rechtschreibtraining. Ein regelgeleitetes Förderprogramm für rechtschreibschwache Schüler. Dr. Winkler, Bochum 2001.

Straub, A., Thoms, W. D.: Rechtschreibtraining 3. Dürr & Kessler, Rheinbreitbach 1991.

Tacke, G.: Flüssig lesen lernen. Übungen, Spiele und spannende Geschichten. Ein Leseprogramm für den differenzierenden Unterricht, für Förderkurse und für die Freiarbeit. Je ein Heft für Klasse 1–2, 2–3 und 4–5 (2. Auflage). Auer, Donauwörth 1999a.

Tacke, G.: Mit Hilfe der Eltern: Flüssig lesen lernen. Übungen, Spiele und eine spannende Geschichte. Je ein Heft für Klasse 1–2, 2–3 und 4–5 (2. Auflage). Auer, Donauwörth 1999b.

Tacke, G.: Schulische und häusliche Leseförderung: Empirische Befunde und Förderprogramme. Kindheit und Entwicklung, 8, 153–157, 1999c.

Walter, J.: Förderung bei Lese-Rechtschreibschwäche. Hogrefe, Göttingen 1996.

Warnke, A., Küspert, P.: Rechenschwäche (Dyskalkulie). In: Lauth, G. W., Brack, U. B., Linderkamp F. (Hrsg.): Verhaltenstherapie mit Kindern und Jugendlichen. Praxishandbuch (S. 221–232). Beltz PVU, Weinheim 2001.

9.4 Literatur für Eltern

Firnhaber, M.: Legasthenie und andere Wahrnehmungsstörungen. Wie Eltern und Lehrer helfen können. Fischer, Frankfurt 1996.

Klasen, E. Legasthenie. Umschriebene Lese-Rechtschreibstörung. Informationen und Ratschläge. Chapman & Hall, Weinheim 1995.

Küspert, P.: Wie Kinder leicht lesen und schreiben lernen. Oberstebrink, Ratingen 2001.

Lohmann, B.: Müssen Legastheniker Schulversager sein? Reinhardt, München 1997.

Schwark, R.: Stichwort Legasthenie. Heyne, München 1999.

9.5 Literatur zum Hyperkinetischen Syndrom

Aust-Claus, E., Hammer, P. M.: Das A. D. S.-Buch. Aufmerksamkeits-Defizit-Syndrom. Neue Konzentrations-Hilfen für Zappelphilippe und Träumer. Oberstebrink, Ratingen 1999.

Döpfner, M., Schürmann, D., Lehmkuhl, G.: Wackelpeter und Trotzkopf. Hilfen bei hyperkinetischem und oppositionellem Verhalten. Beltz, Weinheim 1999.
Döpfner, M., Frölich, J., Lehmkuhl, G.: Hyperkinetische Störungen. Hogrefe, Göttingen 2000a.
Döpfner, M., Frölich, J., Lehmkuhl, G.: Ratgeber Hyperkinetische Störungen. Informationen für Betroffene, Eltern, Lehrer und Erzieher. Hogrefe, Göttingen 2000b.
Imhof, M., Skrodzki, K., Urzinger, M.: Aufmerksamkeitsgestörte, hyperaktive Kinder und Jugendliche im Unterricht. Auer, Donauwörth 1999.
Lauth, G., Schlottke, P. F., Naumann, K.: Rastlose Kinder, Ratlose Eltern. Hilfen bei Überaktivität und Aufmerksamkeitsstörungen. DTV, München 2000.
Neuhaus, C.: Hyperaktive Jugendliche und ihre Probleme. Urania, Berlin 2000.
Steinhausen, H.-C. (Hrsg.). Hyperkinetische Störungen bei Kindern, Jugendlichen und Erwachsenen. 2. Auflage. Kohlhammer, Stuttgart 2000.
Trott, G. E., Wirth, S., Warnke, A.: Die Therapie des hyperkinetischen Syndroms mit Stimulanzien. Psycho 24, 33–38, 1998.
Trott, G. E.: Das hyperkinetische Syndrom und seine medikamentöse Behandlung. Ambrosius Barth, Leipzig 1993.
Warnke, A.: Informationsheft zum Hyperkinetischen Syndrom (HKS) für Eltern, Lehrer und Kinder. Klinik und Poliklinik für Kinder- und Jugendpsychiatrie der Universität Würzburg, Füchsleinstr. 15, 97080 Würzburg.

9.6 Literatur zur psychomotorischen Behandlung

Brand, I., Breitenbach, E., Meisel, V.: Integrationsstörungen, Diagnose und Therapie im Erstunterricht. Ed. Bentheim, Würzburg 1995.
Eggert, D.: Psychomotorisches Training. 6. Auflage. Beltz, Weinheim 1997.
Hünnekens, H., Kiphard, E. J.: Bewegung heilt. Psychomotorische Übungsbehandlung bei entwicklungsrückständigen Kindern, 6. Auflage, Flöttmann, Gütersloh 1977.
Kesper, G., Hottinger, C.: Mototherapie bei sensorischen Integrationsstörungen. Eine Anleitung zur Praxis. Reinhardt, München 1984.
Kiphard, E. J.: Unser Kind ist ungeschickt. Hilfen für das bewegungsauffällige Kind. 3. Auflage. Reinhardt, München 1989.

9.7 Lehrbücher der Kinder- und Jugendpsychiatrie und Psychotherapie

Knölker, U., Mattejat, F., Schulte-Markwort, M. J.: Kinder- und Jugendpsychiatrie systematisch. 2. Auflage. UNI-MED, Bremen 2000.
Remschmidt, H. (Hrsg.): Psychiatrie der Adoleszenz. Thieme, Stuttgart 1992.
Remschmidt, H. (Hrsg.): Kinder- und Jugendpsychiatrie. 3. Auflage. Thieme, Stuttgart 2000.
Remschmidt, H. (Hrsg.): Psychotherapie im Kindes- und Jugendalter. Thieme, Stuttgart 1997.
Resch, F. (Hrsg.): Entwicklungspsychopathologie des Kindes- und Jugendalters. Beltz, Weinheim 1999.
Schmidt, M. H. (Hrsg.): Kinder- und Jugendpsychiatrie. 2. Auflage. Deutscher Ärzte Verlag, Köln 1999.
Steinhausen, C. H. (Hrsg.): Psychische Störungen bei Kindern und Jugendlichen. 4. Auflage. Urban & Fischer, München 2000.

10 Anhang

10.1 Muster für ein „Ärztliches Attest zur Vorlage beim Schulpsychologen“

Name, Datum
Fachbezeichnung,
des Facharztes / der Einrichtung / der Fachkraft

Attest zur Bescheinigung einer Lese- und Rechtschreibstörung
(Legasthenie im Sinne von ICD-10, F 81.0)
zur Vorlage beim Schulpsychologen

Der / Die Schüler / in ...., geboren am ....,

wohnhaft in ....,

wurde am .... ambulant in meiner Praxis untersucht.

Auf der Grundlage einer multiaxialen Diagnostik ergab sich eine

- ☐ Lese- und Rechtschreibstörung (ICD-10, F 81.0)
- ☐ isolierte Rechtschreibstörung (Legasthenie ICD-10, F 81.0)
- ☐ isolierte Lesestörung

Die Testung der intellektuellen Entwicklung erfolgte mit ....

Erzielte Werte: ....

Die Rechtschreibung wurde mit .... bestimmt.

Erzielte Werte (Gesamtnorm / schulartspezifische Norm) ....

Die Leseleistung wurde mit .... bestimmt.

Erzielte Werte: ....

Die T-Wert-Differenz zwischen Intelligenz und Rechtschreibtest beträgt ....
Die T-Wert-Differenz zwischen Intelligenz und Leseleistung beträgt ....

Aussagen zu den 5 Achsen der multiaxialen Diagnostik:

Achse I: ....

Achse II: ....

Achse III: ....

Achse IV: ....

Achse V: ....

Es handelt sich nicht um eine vorübergehende Lese- und Rechtschreibschwäche.

Weitere Details über die Untersuchungsergebnisse enthält der Untersuchungsbericht. Die Erziehungsberechtigten sind mit der Weitergabe einer Abschrift des Untersuchungsberichts – nicht – einverstanden.

....
Ort, Datum Unterschrift

10.2 Muster für eine „Bescheinigung des schulpsychologischen Dienstes“

Schulpsychologe
Dienststelle

Datum

Bescheinigung

einer Legasthenie bzw. einer Lese- und Rechtschreibschwäche
(gemäß der KMBeK vom 16. 11. 1999, KWMBl I S. 379)

Bei dem Schüler / der Schülerin ...., geboren am ....,

wohnhaft in ....,

Schule: ...., Klasse: ....,

wurde auf der Grundlage

☐ einer fachärztlichen Untersuchung im Zusammenwirken mit dem Schulpsychologen
- ○ eine Lese- und Rechtschreibstörung (ICD-10, F 81.0)
- ○ eine isolierte Rechtschreibstörung (Legasthenie ICD-10, F 81.0)
- ○ eine isolierte Lesestörung

☐ einer schulpsychologischen Untersuchung
- ○ eine Lese- und Rechtschreibschwäche
- ○ eine Lese- und Rechtschreibschwäche für weitere 2 Jahre

festgestellt.

Zusätzlich haben sich aus der Untersuchung und den durchgeführten Tests folgende besonderen Problembereiche des Schülers zur Beachtung für die Schule ergeben:

....

....

(für diese Mitteilung liegt die Einverständniserklärung der Eltern vor)

Empfohlene Förder- und Hilfsmaßnahmen:

○ Fördermaßnahmen: ....

....

Hilfsmaßnahmen zum Nachteilausgleich:

○ Fach Deutsch ....

○ Fach Englisch ....

○ Fach Mathematik ....

○ Fach ....

○ Fach ....

....
Unterschrift

10.3 Muster für eine „Ärztliche gutachterliche Stellungnahme zu § 35 a SGB VIII“ zur Vorlage beim Jugendamt

Kinder- und jugendpsychiatrische, gutachterliche Stellungnahme
zur Eingliederungshilfe gemäß § 35 a SGB VIII
zur Vorlage beim Jugendamt
über
Maximilian Legasthenie, *31. 02. 1987
wh.: Legastheniestr. 2, 00000 Legastheniestadt

Die gutachterliche Stellungnahme fußt auf der ambulanten Untersuchung von Maximilian Legasthenie, der sich am 25. 12. 1998 in Begleitung seiner Eltern ambulant in unserer Poliklinik zur Untersuchung vorstellte.

Aktuelle Symptomatik:
Maximilian besucht die 4. Klasse der Grundschule. Seit der 3. Klasse seien alle Diktate und Nachschriften als ungenügend zu werten. Mit der Erstuntersuchung vom 13. 09. 1996 im Rahmen unserer Ambulanz wurde eine Lese-Rechtschreibstörung (ICD-10 F 81.0) diagnostiziert (der Bericht an die Eltern – Arztbrief – kann Ihnen bei Bedarf und elterlicher Einwilligung zugesandt werden). Das Lesen ist nach wie vor verlangsamt und bei schwierigeren fremden Texten stockend und teilweise sinnentstellend. Bei Nachschriften und noch deutlicher bei ungeübten Diktaten macht Maximilian zahlreiche verschiedenartige Fehler: In Dopplung, Dehnung, Groß- und Kleinschreibung; Wahrnehmungsfehler (d/t, g/k), häufiger auch Auslassungen von Buchstaben und Endungen. In Mathematik bereiteten die Textaufgaben erhebliche Schwierigkeiten, da Maximilian bereits mit der Sinnentnahme nicht zurecht komme. Beim Niederschreiben von Ziffern komme es auch zu Vertauschungen der Ziffernfolge (z. B. 47 anstatt 74). Seit Beginn der 4. Klasse wird der schulische Nachteilsausgleich gemäß der Bekanntmachung vom 16. 11. 1999 für Schüler mit Legasthenie gewährt.

Dennoch haben sich bei Maximilian erhebliche psychische Symptome ausgebildet. Zur emotionalen Entwicklung berichteten die Eltern, dass Maximilian ehrgeizig sei und trotz des schulischen Nachteilsausgleichs unter seinem Lese-Rechtschreibversagen leide. Täglich komme es bei den Hausaufgaben zu erzieherischen Auseinandersetzungen. Er äußere immer häufiger, dass „alles keinen Sinn“ habe. Er habe „alle Lust“ am Lernen verloren. Aus einem früher fröhlichen und ausgeglichenen Kind sei ein „bedrücktes“ geworden. Die früheren Selbstwertverletzungen vor der 4. Klasse wirkten nach. Tendenziell sei es bei schriftlichen Leistungen auch in anderen Fächern zu einem Notenabfall gekommen. Oft klage Maximilian vor Schulbeginn am Morgen über Bauchschmerzen und gehe nur noch ungern in die Schule, tageweise habe er versucht, den Schulbesuch zu verweigern.

Eigenanamnese:
Schwangerschafts- und Geburtsverlauf sowie frühkindliche Entwicklung waren unauffällig. Sämtliche Vorsorgeuntersuchungen waren ohne pathologischen Befund. Statomotorische und Sauberkeitsentwicklung regelrecht. Zeitgemäße Sprachentwicklung. Noch in den Zeugnissen der 2. Klasse wurde Maximilian als „lebhafter, netter Schüler“ beschrieben, der „aufmerksam und fleißig“ und „munter und vergnügt“ am Unterricht teilgenommen habe.

Körperlich-neurologische Untersuchung:
Die ärztlich-klinische Untersuchung ergab eine altersgemäß normale körperliche Entwicklung. Neurologisch ist die leichte Kurzsichtigkeit durch Brille kompensiert. Im übrigen altersgemäße und normale neurologische Befunde. EEG normal.

Psychopathologischer Befund:
Maximilian war freundlich, zugewandt und kooperativ. Bei Ansprechen der schulischen Situation wird unmittelbar eine hohe Problembelastung des Jungen erkennbar. Die täglichen Hausaufgabenbemühungen führten zu keinem Erfolg und fast täglich zu Streitigkeiten in der Familie. Die Angst, von Mitschülern ausgelacht und als „behindert“ eingeschätzt zu werden, war vorherrschend. Im Übrigen unauffälliger psychopathologischer Befund.

Psychologische Untersuchungsbefunde:
Die Überprüfung der intellektuellen Entwicklung erfolgte mit Kaufman-Assessment Battery for Children (K-ABC). Die Rechtschreibung wurde mit dem Diagnostischen Rechtschreibtest überprüft. Maximilian schrieb 14 von 42 Wörtern richtig und erreichte ein Prozentrangband von 4–10. Die T-Wert-Diskrepanz zum Intelligenztestwert lag bei 23 Punkten. Im Depressionsinventar wurde eine überdurchschnittliche depressive Belastungsreaktion erkennbar (T-Wert 62). Die Bereiche „Trauer und Weinen", „Schulunlust" sowie „Reflexion über mangelnde Schulleistungen" waren jeweils im Extrembereich auffällig. Hinweise auf eine Aufmerksamkeitsstörung fanden sich nicht.

Beurteilung:
Diagnostisch bestätigte sich der Befund einer umschriebenen Lese-Rechtschreibstörung (ICD-10 F 81.0; Achse II). Die Lese-Rechtschreibstörung erklärt sich nicht durch eine Intelligenzminderung, vielmehr liegt eine gut durchschnittliche Begabung vor (Achse III). Die körperliche sowie neurologische Entwicklung sind altersgemäß, die leichte Kurzsichtigkeit ist durch Brille kompensiert (Achse IV). Psychosoziale oder schulische Einflüsse erklären die primären Lese-Rechtschreibschwierigkeiten nicht (Achse V).

Eine depressiv-ängstliche Entwicklung vom Ausprägungsgrad einer Anpassungsstörung (ICD-10 F 43.22) liegt vor, die mit einem allgemeinen Nachlassen der schulischen Leistung einhergeht. Diese emotionale Anpassungsstörung entwickelte sich in Folge der schulischen Belastungen, die sich aus der Legasthenie für den Jungen ergeben haben. Obwohl die grundsätzliche Begabung für eine weiterführende Schule gegeben ist, erscheint dieser schulische Werdegang durch die eingetretene depressive Entwicklung gefährdet. Von einer mäßiggradigen Beeinträchtigung der psychosozialen Anpassung ist auszugehen (Achse VI). Die Kriterien der seelischen Behinderung zur Eingliederungshilfe gemäß § 35 a SGB VIII sind gegeben. Dringend empfiehlt sich ergänzend zu dem schulischen Nachteilsausgleich und der schulischen schriftsprachlichen Förderung eine ambulante Legasthenietherapie.

Mit freundlichen Grüßen

(Unterschrift)

Franz Petermann / Manfred Döpfner
Martin H. Schmidt

Ratgeber Aggressives Verhalten

Informationen für Betroffene, Eltern, Lehrer und Erzieher (Reihe: Ratgeber Kinder- und Jugendpsychotherapie, Band 3), 2001, 39 Seiten, € 5,95 / sFr. 9,80
ISBN 3-8017-1452-7

Der Ratgeber gibt eine Übersicht über Ursachen, Verlauf und verschiedene Behandlungsmethoden aggressiven Verhaltens. Bezugspersonen werden konkrete Hinweise zum Umgang mit dieser Problematik in Familie, Kindergarten und Schule gegeben. Jugendliche erhalten Hinweise zur Selbsthilfe.

Manfred Döpfner / Gerd Lehmkuhl
Dietmar Heubrock / Franz Petermann

Ratgeber Psychische Auffälligkeiten bei Kindern und Jugendlichen

Informationen für Betroffene, Eltern, Lehrer und Erzieher (Reihe: Ratgeber Kinder- und Jugendpsychotherapie, Band 2), 2000, 73 Seiten, € 7,95 / SFr. 14,80
ISBN 3-8017-1374-1

Der Ratgeber informiert über die Erscheinungsformen, die Ursachen, den Verlauf und die Behandlungsmöglichkeiten bei psychischen Auffälligkeiten im Kindes- und Jugendalter. Die Informationen richten sich an Eltern, Erzieher und Lehrer, sie wenden sich aber auch an Jugendliche selbst.

Manfred Döpfner
Jan Frölich / Gerd Lehmkuhl

Ratgeber Hyperkinetische Störungen

Informationen für Betroffene, Eltern, Lehrer und Erzieher (Reihe: Ratgeber Kinder- und Jugendpsychotherapie, Band 1), 2000, 48 Seiten, € 5,95 / sFr. 9,80
ISBN 3-8017-1368-7

Der Ratgeber bietet zahlreiche Informationen zu Hyperkinetischen Störungen. Die Ursachen der Störungen, ihr Verlauf und verschiedene Behandlungsmethoden werden verständlich beschrieben. Bezugspersonen werden konkrete Ratschläge zum Umgang mit der Problematik in der Familie, im Kindergarten und in der Schule gegeben. Jugendliche erhalten Tips zur Selbsthilfe.

Hogrefe

Hogrefe-Verlag
Rohnsweg 25 • 37085 Göttingen
Tel.: 05 51 - 4 96 09-0
Fax: 05 51 - 4 96 09-88
Internet: www.hogrefe.de

Leitfaden Kinder- und Jugendpsychotherapie

Herausgeber

Prof. Dr. Manfred Döpfner
Prof. Dr. Gerd Lehmkuhl
Prof. Dr. Franz Petermann

Jetzt abonnieren! Sie sparen mehr als 20%!

Die Reihe

Die Reihe **Leitfaden Kinder- und Jugendpsychotherapie** vermittelt die allgemein akzeptierten Standards in der Diagnostik und Therapie einzelner psychischer Störungen im Kindes- und Jugendalter. Ziel ist es, dem Leser Hilfsmittel zur Umsetzung dieser Standards an die Hand zu geben.

Die Zielgruppe

Kinder- und Jugendpsychotherapeuten, Ärztliche und Psychologische Psychotherapeuten, Kinder- und Jugendpsychiater, Kinderärzte, Psychiater und Neurologen, Psychologen, Pädagogen, Heil- und Sonderpädagogen, Ergo-, Moto- und Sprachtherapeuten.

Die Bände 1-4

Bereits erschienen

M. Döpfner
J. Frölich / G. Lehmkuhl
Hyperkinetische Störungen
2000, X/164 Seiten • ISBN 3-8017-1354-7

Bereits erschienen

M. Döpfner / G. Lehmkuhl
D. Heubrock / F. Petermann
Diagnostik psychischer Störungen im Kindes- und Jugendalter
2000, VIII/174 Seiten • ISBN 3-8017-1373-3

F. Petermann
M. Döpfner / M.H. Schmidt
Aggressiv-dissoziale Störungen
2001, VIII/174 Seiten
ISBN 3-8017-1372-5

A. v. Gontard / G. Lehmkuhl
Enuresis
2002, ca. 150 Seiten • ISBN 3-8017-1371-7

Jetzt zur Fortsetzung bestellen und Geld sparen!

Bestellen Sie jetzt die Reihe *Leitfaden Kinder- und Jugendpsychotherapie* zur Fortsetzung und Sie erhalten alle Bände automatisch nach Erscheinen (zwei Titel jährlich) zum günstigen Fortsetzungspreis von je € 17,95 / sFr. 32,-.

Sie sparen **mehr als 20%** gegenüber dem Einzelpreis von je € 22,95 / sFr. 39,80.

Hogrefe-Verlag für Psychologie
Göttingen • Bern • Toronto • Seattle